戦後日本教育史

貝塚茂樹

戦後日本教育史（'18）

©2018　貝塚茂樹

装丁・ブックデザイン：畑中　猛

s-64

まえがき

　日本の代表的なアーティスト，サザンオールスターズの「ピースとハイライト」という曲の歌詞に次のような一節がある。

教科書は現代史を
やる前に時間切れ
そこが一番知りたいのに
何でそうなっちゃうの？

　歴史は「暗記科目」だと言われることがある。過去の出来事や人名，年号を覚えるのが歴史の勉強であるというイメージが浸透しているようだ。ましてや，この歌詞にあるように，現代史（戦後史）は高等学校の日本史の授業では「受験に出ない」「時間がない」という理由で「やる前に時間切れ」ということも少なくない。

　こうした状況が影響しているのだろうか。「戦後70年」に合わせて2015（平成27）年にNHKが行った調査では，広島・長崎に原子爆弾が投下された日付を正確に答えられた人は約30％に過ぎなかった。世界唯一の被爆国である日本の国民としては，あまりに悲しく切ない数字と言わざるを得ない。

　「過去に目を閉ざす者は結局のところ現在にも盲目となる」。こう言ったのはドイツの政治家，ヴァイツゼッカー（Richard Karl Freiherr von Weizsäcker, 1920-2015）である。現在のことだけを見ていても，実は現在の姿はよく見えない。過去を見ることによって，現在が見えてくることも多い。例えば，1990年代に「学力低下」問題が大きな議論とな

ったが，実は「学力低下」問題は1950年代にも大きな論争となっていた。この詳細は本書の検討に譲るが，その時代固有の新しい教育課題だと思われていたことが，すでに過去にも起きていたという例は決して珍しくない。

　ただし，それでもやはり歴史を学ぶことを窮屈に感じる人もいるはずだ。特に，現代史（戦後史）は時間の経過が浅く，それは時としてイデオロギー的な束縛を受け，都合のよいように利用される危険も付きまとう。また，歴史観をめぐる諸外国との摩擦や葛藤も歴史を敬遠させる要因の一つかもしれない。しかし，歴史を直視することなしには，こうした摩擦や葛藤を解決できないことも事実である。国際政治学者の細谷雄一[1]（1971-）は，現代史（戦後史）を学ぶ意義について次のように述べている。

　いま，あまりにも歴史を学ぶことが窮屈になってしまった。圧迫感を受け，正義を強要され，歴史を学ぶことに嫌悪感を抱く人が増えているのではないか。むしろ，本来は，歴史を学ぶことでわれわれは，自らを狭窄した視野から解放し，固定観念を打ち壊すことができるはずだ。それは大きな喜びである。知らないうちにわれわれは，色々な束縛に囚われてしまっていた。歴史を学ぶことで，そのような束縛から自らを解放するためには，思考の柔軟性，視点の多様性，価値の開放性が求められる。それらによって，何重にも束縛されていた現代史を解放できるはずだ。その結果としてわれわれは，現代史を学ぶ喜びや心地よさを深く感じることができるのではないか。そのような喜びや心地よさによってはじめて，われわれは，自ら主体的に歴史を学ぶ意義を感じることができると思う。

　「歴史とは，現在と過去との間の対話である」と述べたのは，イギリ

---

[1]　細谷雄一『歴史認識とは何か──日露戦争からアジア太平洋戦争まで』（新潮社，2015年）

スの歴史家，E・H・カー（Edward Hallett Carr, 1892-1982）である。過去とは現在に照らされた過去であり，過去も現在との対話の中でその本質が明らかとなる。同時に過去を見通すことがなければ未来をも見通すことはできない。したがって，あるべき教育の姿を把握するためには，どうしても歴史的な視点からの検証を必要とし，理念との相互媒介（対話）的関係の中で追究されることが求められることになる。なぜなら，歴史のない理念は空虚であり，理念のない歴史は盲目だからである。

　本書は，戦後日本教育史を特定のイデオロギーに基づいた見方に捉われることなく，可能な限り実証的に読み解くことを目的として編集した。編集にあたっては以下の点に留意した。

①戦後教育を理念，制度・行政，内容，方法等にわたる幅広い視点から捉え，「教育改革」という観点を軸として通史的に整理した。
②教育制度や教育法規などの歴史的な変遷だけでなく，社会変化に基づく教育課題や教師や子どもを取り巻く教育文化を視野に入れて各時代の特徴を描写した。
③戦後教育と戦前・戦中の教育との関連性と連続性とを視野に入れながら，時代の時期区分を意識した構成とした。

　ただし本書は，テキストとしての性格を重視し，『学制百年史』『学制百二十年史』『日本近代教育百年史』などを踏まえた通念的でオーソドックスな叙述とすることを心がけた。本書の内容を土台として，教育の「いま」を学び，読者それぞれが教育の「これから」を考えて頂ければ幸いである。そのことが，「歴史を主体的に学ぶ」ということである。

2018年2月
貝塚茂樹

目次

まえがき　3

1　戦後日本教育史をどう考えるか　10
　1．戦後日本教育史を学ぶ視点　10
　2．日本占領と占領教育政策　14
　3．戦後日本教育史の時期区分を考える　21

2　総力戦体制下の教育と戦後　26
　1．総力戦体制と学校制度の改革　26
　2．学問・教育・思想への抑圧と「日本精神」の強調　31
　3．学校の儀式・学校行事と教育文化　34
　4．総力戦体制と学校教育の崩壊　37

3　占領教育政策と「自己改革」の相克　44
　1．敗戦と「占領」の中の教育　44
　2．占領教育政策と戦後教育改革の模索　51
　3．敗戦直後の子ども文化
　　　―「ギブミーチョコレート」と「青い山脈」―　57

4　戦後教育理念の形成と教育行政　61

　1．教育勅語問題と教育刷新委員会　61
　2．「教育基本法」の制定と教育勅語　67
　3．日本教職員組合の結成　71
　4．文部省の再編と地方教育行政　71

5　学制改革の混乱と教育課程改革　78

　1．戦後の学制改革と学校制度　78
　2．教育課程改革と学習指導要領　84
　3．戦後のカリキュラム改革運動と子ども文化　91

6　新制大学の成立と教員養成　97

　1．高等教育の再編と新制大学　97
　2．教員養成制度の改革　105
　3．「教育職員免許法」の制定と「教育指導者講習」　109

7　戦後教育改革の「転換」と「新教育」批判　115

　1．戦後教育再編をめぐる政治対立の激化　115
　2．「新教育」批判と道徳教育の充実　123
　3．教科書問題と学生運動　126
　4．経済復興する社会と「アメリカニゼーション」　128

8 | 国民意識の変化と教師像　131
1. 高度経済成長と教育拡大　131
2. 高度経済成長と進学率の上昇　137
3. 戦後における教師像の変遷　139

9 | 高度経済成長と人間像の模索　145
1. 後期中等教育の拡充と「期待される人間像」　145
2. 「能力主義」の教育政策と「教育内容の現代化」　150
3. 「教育内容の現代化」と『昭和43年版学習指導要領』　152
4. 「第三の教育改革」と「四六答申」　154
5. 家永教科書裁判とその経緯　156

10 | 「教育荒廃」と「ゆとり」路線への転換　161
1. 「大衆教育社会」と「教育荒廃」　161
2. 「教育荒廃」と学校・教師　167
3. 「ゆとり」路線の学習指導要領　169

11 | 高等教育の量的拡大と大学紛争　176
1. 「団塊の世代」と「戦争の記憶」　176
2. 学生運動と大学紛争　178
3. 大学紛争から大学改革へ　183

12 臨時教育審議会と生涯学習　192
1. 高度経済成長以後の社会と子ども　192
2. 臨時教育審議会と教育改革　196
3. 臨時教育審議会と「生涯学習体系への移行」　202
4. 臨時教育審議会答申の実施と展開　204

13 「生きる力」と教科書問題　209
1. 「教育荒廃」の深刻化　209
2. 教育課程の「人間化」と「ゆとり」　214
3. 教科書問題と教科書検定制度の改正　219

14 新しい学校像と「学力低下」問題　223
1. 新しい学校像の模索　223
2. 「学力低下」論争と学習指導要領の改正　227
3. 「新しい荒れ」と道徳教育の充実　234

15 戦後教育と教育改革のゆくえ　240
1. 教育基本法の改正と教育制度改革　240
2. 「モンスターペアレント」と教育格差　245
3. いじめ問題と「特別の教科　道徳」の設置　250
4. 『平成29年版学習指導要領』と戦後教育のゆくえ　253

戦後日本教育史略年表　258

索　引　266

1 戦後日本教育史をどう考えるか

《目標&ポイント》 戦後の教育を理解するための基本的な概念について概説するとともに，戦後日本教育史を学ぶ上で必要な観点について検討する。具体的には，「戦後」の意味，1945年を起点とする戦後教育改革をめぐる占領軍と日本側との関係構造について検討する。また，戦後日本教育史を学ぶ際に重要となる時期区分の問題について言及しながら，本書における時期区分の概要と歴史研究の意義と役割について考察する。
《キーワード》 戦後日本教育史，占領，占領軍（GHQ），連合国軍最高司令官（SCAP），CIE（民間情報教育局），占領教育政策，「非軍事化」と「民主化」，戦後日本教育史の時期区分

1. 戦後日本教育史を学ぶ視点

（1）「戦後」とは何か

　日本では，日常的に「戦後」という言葉が使われ続けている。例えば，2015（平成27）年には「戦後70年」と称して様々な関連行事も行われ，「戦後70年」をタイトルにした書籍も数多く出版された。「戦後50年」「戦後60年」の際にも同じような状況があり，時代の節目において「戦後○○年」という言い方が違和感なく受け入れられている。

　言うまでもなく，ここで言う「戦後」とは，1945（昭和20）年8月の敗戦を起点とした時間の経過を意味している。ところが，多くの諸外国では「戦後」はすでに終わっている。世界では，第二次世界大戦後にも

戦争が勃発しており，日本で普通に使用される「戦後」という概念が通用しないからである。

例えば，アメリカは第二次世界大戦終結から5年後の1950年には朝鮮戦争を経験し，1955年にベトナム戦争に突入している。つまり，アメリカでは私達が理解する意味での「戦後」は数年で消滅しており，それは世界の数多くの国においても同様である。逆に言えば，戦争に巻き込まれることがない限り，日本の「戦後」はこれからも継続するということである。

もっとも，意味の捉え方において相違はあるが，日本でも経済的には「戦後」の終結を宣言したこともあった。1956（昭和31）年の『経済白書』は，「もはや戦後ではない」と記述し，敗戦後の「経済復興」から「経済成長」の段階へと進んだことを高らかに宣言した。事実，高度経済成長によって世界でも稀に見る発展を実現した日本は，1968（昭和43）年には国民総生産（GNP）で西ドイツを抜き世界第2位となった。経済的な意味で言えば，「戦後」は，1970年代半ばに「ひとまず終わった」[1]と言うこともできる。

また，教育においても「戦後」の捉え方は多様になりつつある。しかし，これまでの枠組みは，かなり固定化したものであったことも事実である。例えば，羽田貴史は従来の戦後日本の教育史像を次のように整理している[2]。

　　戦後改革は，ポツダム宣言及びアメリカの世界戦略に基づく非軍事化・民主化の一環として，占領期の強力な指導と指令のもと，教育刷新委員会に結集した日本側知識人と文部省とのトライアングルによって推進され，その改革プランは，米国教育使節団・占領軍がもたらしたアメリカモデルと，昭和期における学制改革論に依拠していた。改

[1] 中村政則編『占領と戦後改革（近代日本の軌跡6）』（吉川弘文館，1994年）
[2] 羽田貴史「戦後教育史像の再構成」（藤田英典ほか編『教育学年報6　戦後教育史像の再構築』世織書房，1997年）

革は一九四九年夏頃からの「逆コース」と，占領改革の見直しによる一九五〇年代の再改革によって修正を受け，講和独立後の教育反動化によって改革の空洞化が進展した。そして，六〇年代に入って能力主義教育政策により，教育の経済への従属化が進み，教育荒廃の原因となってきた，というのが大筋である。

　羽田の整理は，1970年代以降の時期にまでは言及していないが，これが戦後日本教育史の一般的な理解と言える。ここでは，戦後教育改革によって実現された戦後教育の理念と内容が，講和独立以後の教育政策や1960年代以降の高度経済成長によって徐々に乖離・逸脱していった過程として捉えられている。ここで言う「戦後」とは，戦後教育改革の初期理念が示されたまでを指すと解釈できるかもしれない。
　しかし，その反面では，果たして戦後教育改革によって本当に戦後教育の理念と内容が明確に提示されたのかという疑問も指摘されてきた。つまり，この時期にはまだ「戦後」は実現してはいなかったのではないか，という問いである。こうした問いは，歴史の時期区分とも密接に関係する点であり，戦後日本教育史を学ぶ上で常に考えなければならない重要な視点と言える。

（2）歴史を否定的に媒介する

　歴史とは連続した時間の流れである。したがって，歴史の一部分を切り取って全体を論じることはできないし，多くの場合，それは危険である。しかし，私たちは時として目の前の出来事に目を奪われ，近視眼的に歴史を評価し，解釈してしまうことがある。特に，日本がかつて経験したことのない1945年の敗戦という経験は，国民にも大きな混乱と動揺をもたらし，それゆえに，敗戦という歴史の意味を早急かつ明確に求め

ようとする心情が働いたと言える。

　そのため，一般に日本の戦後史は，「戦前＝悪」「戦後＝善」として単純に理解される傾向があったことは否定できない。こうした二項対立の図式の中で歴史を解釈しようとする傾向は，戦後日本教育史においても例外ではなかった。ここでは，戦前から戦後への変化は「教育勅語体制から教育基本法体制へ」と評価され[3]，また戦後日本教育史の叙述は「国家の教育政策 vs 国民の教育」という枠組みが前提とされる傾向が強かった。

　しかし，こうした二項対立図式での説明は，歴史の流れと変化を分かり易く描写するという利点がある一方で，歴史の実態を覆い隠してしまい，往々にしてイデオロギー対立の方便として利用されることにもなりかねない。なかでも，歴史を二項対立図式に押し込めてしまうことの大きな弊害は，歴史の事実を実証的に検証し，批判的に考えることを通して，歴史から謙虚に学ぼうとする姿勢を失うことである。教育史研究家の唐澤富太郎は次のように述べている[4]。

　　いかに創造的な時代にあるにもせよ，その創造は決して過去から切り離しては考えることはできない。創造的な時代においてこそ却って過去を厳しく批判し，過去を否定的に媒介することによってのみ創造は可能となるのである。しかるに過去を媒介することなく，過去を断絶して外からのものを移植したのでは，それは単なる借り物であって，真に自己の歴史のうちにおいて育つものではあり得ない。それでわれわれは，たとえいかに誤った過去をもち，また悲しい歴史を担うにもせよ，そこにはどうしてもそれを正しく批判検討し，誤ったときには真に過去を懺悔し，これを否定契機としてより積極的に建設して行ってこそ，はじめて未来において新しくしかも真実のものを誕生させる

3）　例えば，大田堯編『戦後教育史』（岩波書店，1978年）など。
4）　唐澤富太郎『日本教育史』（誠文堂新光社，1953年）

ことができるのであって、われわれはどうしても内から悩み、内から主体的にかち得たところのものでなければ未来における真の発展法則をもたらすことはできないであろう。

特定のイデオロギーを主張するため、あるいは自身の見解を補強する方便として歴史を恣意的に利用し、また現代的な視点からのみ歴史的事実を評価・断罪することは許されるべきではない。歴史の事実を実証的かつ批判的に検討することで歴史から学び、そこから将来の展望を考えようとする姿勢が大切である。

2. 日本占領と占領教育政策

(1) 「非軍事化」と「民主化」

戦後日本教育史において最も特徴的なことは、第二次世界大戦での敗戦によって国家の主権が奪われ、他国に占領されたことであり、その占領期の改革によって戦後日本の教育の基本的な骨格が形成されたという事実である。

一般に占領とは、「一国の領域の全部または一部が、その国の正当な権力以外の軍事力のもとに入ること」を意味する。占領には、大きく被占領国の主権を占領国が掌握する形態、あるいは占領地における被占領国の中央政府の存在を認めるが、その主権は占領国の監督下や制限下におかれるといった形態などがあるが、日本占領は後者の形態に近い。

日本占領の期間は、1945（昭和20）年8月末のマッカーサー（Douglas MacArthur, 1880-1964）による占領開始（国際法上は同年9月2日の降伏文書の調印）から1952（昭和27）年4月28日のサンフランシスコ講和条約発効までの約6年半である。

写真1-1　厚木基地に降り立つマッカーサー
（写真提供　共同通信社／ユニフォトプレス）

　この間，日本は歴史上例をみない壮大な変革を経験し，その範囲は政治・経済・教育・宗教などあらゆる分野に及んだ。そして，これらの改革を立案し実現する主体は，日本ではなく占領軍（以下，GHQと略）であった。そのため，基本的に日本占領は，「外からの革命」「上からの革命」という性格を持っていた[5]。

　アメリカ政府には，SWNCC（国務・陸軍・海軍調整委員会）が置かれ，これが政策立案に当たった。SWNCCの初期の占領政策の目的は，「非軍事化」と「民主化」にあった。例えば，1945年9月22日の「降伏後ニ於ケル米国ノ初期ノ対日方針」では，「日本国ガ再ビ米国ノ脅威トナリ又，世界ノ平和及安全ノ脅威トナラザルコト」とともに「理論上及実践上ノ軍国主義及超国家主義（準軍事訓練ヲ含ム）ハ教育制度ヨリ除去セラルベシ」と明記されていた。

5）　中村前掲書。

（2）「厳しい占領」と「寛大な占領」

　日本占領には，「厳しい占領」と「寛大な占領」の二面性が共存していたことが特徴であった。「厳しい占領」とは，①日本占領が 6 年半という長い期間に及んだこと，②敗戦国内の法令・制度を全面的に変更する措置を強行したこと，である。例えば，第一次世界大戦の休戦協定の後，ドイツは全土を占領されてはいない。たしかに，第二次世界大戦後のドイツは全土を分割占領されたが，それはヒットラーが本土において徹底抗戦を試みた結果であり，降伏協定の時点でドイツ全土が軍事占領されることは既定事実であったためである。

　さらに，1907年のハーグ陸戦条約[6]第43条は軍事的安全にかかわる「絶対ノ必要ナキ限リ」は，占領地の現行法律を尊重して，なるべく公共の秩序及び生活を回復確保するための手段を尽くさなければならないと規定していた。日本占領が「ポツダム宣言」の受諾という個別合意に基づいており，日本国内の制度を全面的に変革することは，必ずしも国際法上の違反とは言えないが，国際的な認識においては異例であった。

　しかし，こうした「厳しい占領」にもかかわらず，日本占領は「寛大な占領」とも評されている。それは，占領政策の介入度はたしかに「厳しい」ものであったが，実際の占領政策の中身は極めて建設的で穏当なものであったためである。

　たしかに，ＧＨＱによる「非軍事化」と「民主化」の方針は，日本の戦争能力を弱体化させる破壊的で禁制的な措置であった。ところが，その一方では，「非軍事化」と「民主化」の措置は，これまで中央に集中していた国家権力を分散させ，個人の人権を確立するとともに，民意に

---

6) ハーグ陸戦条約は，1899年にオランダ・ハーグで開かれた第 1 回万国平和会議において採択された「陸戦ノ法規慣例ニ関スル条約」並びに同附属書「陸戦ノ法規慣例ニ関スル規則」のことである。1907年第 2 回万国平和会議で改定され今日に至る。ハーグ陸戦協定，ハーグ陸戦法規などとも言われる。交戦者の定義や，宣戦布告，戦闘員・非戦闘員の定義，捕虜・傷病者の扱い，使用してはならない戦術，降服・休戦などが規定されている。

よる政治のコントロールを強化し，地方自治の権限を強めたことも事実であった。それは，GHQが政治制度の「民主化」こそが平和のための条件であると考えていたことを意味していた。また，経済面でも財閥解体と独占禁止，労働組合の育成と農地改革によって経済活動の利益が広く国民に還元される環境を整えた。そして，こうしたGHQ主導の「上からの改革」が実現したのは，国民の多くがそれを受け入れたためであった。この点を五百旗頭　真は次のように説明している[7]。

　より重要なことは，勝者が非軍事化と民主化の政策を，敗者に対する破壊的・禁制的な措置としてではなく，人類史が犠牲を払って獲得した最良の成果を日本に提供する理想主義的改革として示したことにある。日本無力化の強制ではなく，戦後の国際社会が共有する価値たる平和主義と民主主義の福音として，占領政策は説明された。（中略）とりわけ，経済復興の機会が許容され，支援が与えられたことにより，保守的な支配層をふくむ日本人の多数が，占領者に好意を強めることになる。

現在の日本人にとって，かつて日本が占領されたという意識はほとんどないと言ってよい。また，占領それ自体が消極的に評価されることは少ない。占領の結果，日本はアメリカにとっての敵国から最も強力な同盟国となり，政治体制においても，戦前の軍閥・財閥の支配する半封建的国家から，民主主義を理念とする近代国家へと変貌した。その意味で，「占領がなければ，このような根本的な（ほとんど革命と言っていい）改革が，かくも短期間に達成されることはなかった」[8]ことは事実である。

---

7)　五百旗頭真「占領——日米が再び出会った場」（山崎正和，高坂正堯監修『日米の昭和』TBSブリタニカ，1990年）
8)　袖井林二郎『占領した者された者——日米関係の原点を考える』（サイマル出版会，1986年）

しかし，こうした事実が戦後の日本にとってマイナスの側面をもたらすことはなかったのか。こうした観点から「戦後」の意味を批判的に問うことは重要である。教育においても，アメリカによる占領教育政策の功罪を冷静に分析し，歴史的な事実を実証的に確定させていくことが戦後日本教育史を学ぶことの重要な意義である。

(3) 占領教育行政の機構

　日本が「ポツダム宣言」を受諾すると，アメリカはただちにマッカーサーを連合国軍最高司令官（SCAP）に任命し，ソ連やイギリスもこれを承認した。広島・長崎の原子爆弾によって日本の敗戦を決定的にしたアメリカは，占領政策においても当初から主導権を握ることとなった。連合国軍の占領機構としては，アメリカ政府の上に極東委員会が設置されていた。しかし，アメリカには緊急事態の場合に極東委員会の決定を待たずに「中間指令」を出すことが認められており，日本占領は実質的にはアメリカによる「単独占領」であった。

　GHQの占領行政は，原則として「間接統治」として行われた。「間接統治」とは，日本政府を通じて占領権力を行使することである。GHQは教育行政においても文部省を通じて権力を行使したが，「日本国ガ再ビ米国ノ脅威トナリ又，世界ノ平和及安全ノ脅威トナラザルコト」という占領目的を脅かす場合には，GHQが直接に介入する場合もあった。

　GHQにおける教育担当部局は，民間情報教育局（CIE：Civil Information and Education Section）である。CIEは，教育課，情報課，宗教課など6課から構成され，特に教育課が「日本の全教育機構の改組と復興」を担当し，占領教育政策の中心的な役割を果たした。教育に関する指令は，主としてCIEの提案によって作成され，日本政府の終戦

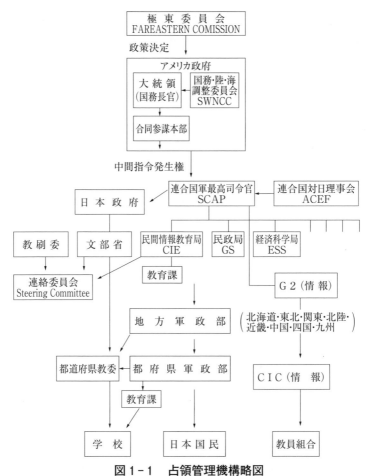

図1-1 占領管理機構略図
(出典:国立教育研究所編『日本近代教育百年史第一巻(教育政策1)』国立教育研究所,1973年)

連絡中央事務局を通して文部省に送られた。

　教育行政の実際の運営は,占領当初はGHQの直接の指令に基づいて行われたが,1947(昭和22)年からはCIE・文部省・教育刷新委員会

の三者からなる「連絡委員会」(Steering Committee) が中心となった。本書の第4章で言及するように，教育刷新委員会は1946（昭和21）年8月に「教育に関する重要事項の調査審議を行う」ことを目的として設置された内閣総理大臣所管の審議会である。そのため，一般的に占領期間中の日本の教育政策は，ＣＩＥ（局長）と文部省（文部大臣）と教育刷新委員会（委員長）の三者の関係構造の中で決定された。

また，「間接統治」を原則とした占領形態においては，教育政策の根幹となる内容は，基本的に日本の国会で可決された国内法によって決定された。そのため，占領が解除され独立が実現された後も，法律の改廃は国会の審議手続きを経る必要があった。

(3) 占領改革の類型

占領政策の基本が，「外からの革命」「上からの革命」という性格を持っていたことは事実である。しかし，「間接統治」の中での教育政策の内容は，ＧＨＱと日本側との相互交渉の中で模索され，決定される側面も多かった。例えば，五百旗頭はＧＨＱと日本側のいずれが改革の中心的担い手であったかという観点から占領改革を三つに分類している[9]。それを大まかに示せば以下のようになる。

Ａ型―ＧＨＱ指令型（財閥解体，公職追放など）
Ｂ型―日本型先取り改革定着型（選挙法改正，労働組合法など）
Ｃ型―Ａ型とＢ型の混合型（憲法改正，農地改革など）

Ａ型は，ＧＨＱの絶対権力が改革を強制したケースであり，Ｂ型はＧＨＱが指令を出す以前に，日本政府が自発的に改革に着手して法案を制定したケースである。また，Ｃ型は日本側が先取りして改革を試みその

---

9) 五百旗頭前掲論文。

作業が進んだが，GHQが日本側の改革を不十分と見なして介入し，より徹底した改革を指令したケースである。

　五百旗頭は，戦前と戦後との連続性を強調する説や，また反対にGHQの強制を強調することで戦前・戦後の断絶を指摘する説はともに一面的な見方であると指摘する。なぜなら，実際の占領改革の多くはC型（混合型）であり，占領改革の研究において重要なことは，A型とB型の二つの要素の組み合わせの程度と性格であったからである。

　本書で検討するように，占領期の教育政策は典型的にC型（混合型）の類型にあてはまる。したがって，占領教育政策の内容を検討するためには，GHQと日本政府・文部省との相互交渉によって政策が決定されていく過程に注目する必要がある。

3. 戦後日本教育史の時期区分を考える

(1) 戦後日本教育史のターニングポイント

　歴史の時期区分を明確にすることは簡単なことではない。時代をどの視点から見るのか，何を対象とするかによって相違が生じるからである。また，それは歴史を見る側の立場と関心によっても左右される。ある意味で歴史を学ぶということは，個々の歴史的事象を実証的に検討することを通して時代の特徴を抽出し，長期の範囲での時期区分を模索，確定していく作業であると言える。

　戦後日本教育史をどのような時期区分として整理するのか。それは戦後教育史を学ぶことの大きな目的であり，歴史を学ぶ私たちそれぞれが考え続けなければならない課題である。そのための手がかりとして，取り敢えず本書では，戦後日本教育史全体を，①戦後教育改革期の教育（1945年〜1950年代），②高度経済成長期を背景とした教育（1960年代〜

1980年代中頃），③臨時教育審議会以降の教育（1980年代中頃〜現在）の三つの時期に分けて整理している。

この整理は，三つの時期に特徴的なターニングポイントがあることを意味している。敢えてこのターニングポイントとなるキーワードを一つずつ示すとすれば，①は「占領」，②は「高度経済成長」，そして③は「グローバル化」ということになる。果たして，この時期区分が適切なものかどうか。また，これらのキーワードがそれぞれの時代を象徴するものとして本当に相応しいものかどうか。こうしたことを常に考えながら戦後日本教育史を学んでいきたい。

（2）三つの時期の概要

第一の戦後教育改革期は，さらに占領下の時期の第1期と1952（昭和27）年の講和・独立後の第2期に分けることができる。第1期の占領期においては，教育基本法・学校教育法などが制定されるとともに，6・3・3制の抜本的な戦後教育の教育理念と教育制度の骨格が形成された。この間に重要な役割を果たしたのが，1946（昭和21）年3月に来日した第一次米国（アメリカ）教育使節団の「報告書」であった。また，日本側では同年8月に内閣に設置された教育刷新委員会（1949年以降は教育刷新審議会）の審議と建議に基づいて，戦後の新教育制度の基礎となる重要な法律が相次いで制定・実施された。

また第2期は，第1期において制定された新教育制度に対して，数年間の実施の経験と独立回復後の自主的な立場から，わが国の実情に即した手直しが行われた時期である。戦後復興が徐々に進み，1955（昭和30）年頃を境にして新たな発展段階に入る中で，新教育制度も実質的な定着に向けての議論と措置が課題とされた。

これまで一般的には，占領期における第1期の時期を「戦後教育改革

期」として整理される場合も少なくなかったが，本書では新教育制度改革が浸透・定着する1950年代までの時期を「戦後教育改革期」と捉えて整理している。

　第二は，高度経済成長を背景とした時期である。この時期は，1960年代の経済の高度成長期にあたり，社会的には戦後の「第１次ベビーブーム」の波が高等学校，大学にまで押し寄せた。また，技術革新と経済成長に基づく教育への社会的需要が増大することで，教育の著しい規模の拡大がもたらされた時期でもある。しかし，こうした教育の量的拡大は，特に後期中等教育と高等教育の進学率の上昇を促し，国民全般の幅広い教育機会を提供する一方で，「教育荒廃」や大学紛争などの質的課題を顕在化させていった。

　この時期には，生活水準の向上等による国民のニーズの多様化や個性化，産業構造の変化と情報化，国際化等が進展した。さらに都市化と核家族化の進行によって地域共同体の結びつきが希薄化し，家庭の教育力の低下も指摘された。こうした社会の急激な構造変化は，公教育としての学校教育の画一的なあり方への批判を強め，社会変化に対する多様で柔軟な対応を教育に求めていくことになる。

　教育の量的拡大と「教育荒廃」の状況に対して，明治期の学制改革，第二次世界大戦後の戦後教育改革に続く「第三の教育改革」として検討されたのが，1971（昭和46）年の中央教育審議会による答申「今後における学校教育の総合的な拡充整備のための基本的施策について」（いわゆる「四六答申」）であった。

　そして，第三が臨時教育審議会から今日の教育改革に連続する時期である。1984（昭和59）年に内閣総理大臣の諮問機関として設置された臨時教育審議会は，広く教育に関連する社会の諸分野に係る諸政策を検討した。1987（昭和62）年８月までの３年間に四次にわたる答申を提出し，

生涯学習，学校教育，国際化，情報化，教育行財政等全般にわたる改革が行われた。

臨時教育審議会が掲げた「個性尊重の原則」、「生涯学習体系への移行」及び国際化，情報化等の「変化への対応」を視点とした教育改革の提言は，今日にまで連続する教育改革の基調となっていると言われている。また，「政治主導」が具体化される中で，臨時教育審議会以降，教育改革国民会議（2000年設置），教育再生会議（2006年設置），教育再生懇談会（2008年設置），教育再生実行会議（2013年設置）など，中央教育審議会とは別の会議体が設置され，政策立案に大きな役割を果たしたことも大きな特徴である。

以上のような戦後日本教育史の時期区分が適切なものかどうかも含めながら，戦後日本教育の歩みを実証的に検討し，これからの教育がどのような展望と可能性を切り拓くことができるのかを具体的に考えていきたい。

参考文献

文部省編『学制百年史（記述編・資料編）』（帝国地方行政学会，1972年）
国立教育研究所編『日本近代教育百年史　第一巻（教育政策1）』（国立教育研究所，1973年）
海後宗臣編『教育改革（戦後日本の教育改革1）』（東京大学出版会，1975年）
久保義三『昭和教育史　下（戦後編）』（三省堂，1994年）
『戦後教育の総合評価』刊行委員会編『戦後教育の総合評価—戦後教育改革の実像—』（国書刊行会，1999年）
五百旗頭真『戦争・占領・講和（日本の近代6）』（中央公論新社，2001年）
山田恵吾編『日本の教育文化史を学ぶ—時代・生活・学校』（ミネルヴァ書房，2014年）
読売新聞昭和時代プロジェクト『昭和時代—敗戦・占領・独立—』（中央公論新社，2015年）
井上寿一『教養としての「昭和史」集中講義—教科書では語られていない現代への教訓—』（SB新書，2016年）

学習課題

（1）戦後日本教育史における「戦後」や「占領」の意味を説明できるようにしよう。
（2）占領期の教育改革の政策決定について，GHQと日本政府・文部省の関係構造と占領改革全体の中での教育改革の特徴について説明できるようにしよう。
（3）戦後日本教育史を学ぶ上での視点と課題について考えてみよう。

2 | 総力戦体制下の教育と戦後

《目標＆ポイント》 近代教育が戦後教育に何を継承し，何を継承しなかったのかを考える視座を得るために，昭和戦前期の学校制度・教育内容・子ども文化という観点を中心に歴史を辿りながら，総力戦体制下の教育の内実と課題について検討する。また，総力戦体制において，教育が果たした役割と戦後教育に及ぼした課題について考察する。

《キーワード》 総力戦体制，「日本的教育学」，教学刷新評議会，教育審議会，『国体の本義』，国民学校，学童疎開，学徒動員，学徒出陣，「戦争責任」

1. 総力戦体制と学校制度の改革

(1) 総力戦体制と教育審議会

1931（昭和6）年の満州事変を契機として軍部の力が強まり，政党政治は除々に機能を失っていった。教育もこうした影響を直接受けるようになり，1937（昭和12）年7月の日中戦争以降，教育の自律性は大きく後退していった。1938（昭和13）年4月に公布された「国家総動員法」によって，政府が総力戦遂行のための人的・物的資源を統制し運用できるようになると，教育行政も政府の政策に従属していった。この場合の政府は，実質的には軍部と同義のものとなりつつあった。

1935（昭和10）年8月に政府が発した「国体明徴ニ関スル件」は，「我ガ国体ハ天孫降臨ノ際下シ賜ヘル御神勅ニ依リ昭示セラルル所ニシテ，万世一系ノ天皇国ヲ統治シ給ヒ，宝祚ノ隆ハ天地ト與ニ窮ナシ」とし

て，天皇による無限の歴史性を持つ史実こそが国体であるとした。国民統合原理としての万世一系の皇室を核とする国体論では，皇国と皇国民の観念が強調された。その一方では，国体に反すると認められる思想や宗教，文化や運動に対する弾圧は厳しくなり，国民生活の広範囲の分野に対して国家統制が進められた。

　1935年に「国体観，日本精神ヲ根本トシテ学問，教育刷新ノ方途ヲ議」し，「真ニ国礎ヲ培養シ国民ヲ錬成スベキ独自ノ学問ノ発展ヲ図」ることを目的として教学刷新評議会が設置された。教学刷新評議会は，1936（昭和11）年10月に「我ガ国ニ於テハ祭祀ト政治ト教学トハ，ソノ根本ニ於テ一体不可分」であること，国体・日本精神の真義は，「天祖ノ神勅，歴代ノ詔」並びに教育勅語等を基本とすること，また，学校を国体に基づく修練の場と位置づけること，などを骨子とする答申をまとめた。

　この答申を引き継ぎ，1937年に内閣直属の機関として設置されたのが教育審議会である。教育審議会は「高度国防国家」建設のための教育体制の確立を目指して，初等教育，中等教育，高等教育，社会教育，各種学校，教育行財政など広範囲に及ぶ総力戦体制下の教育の基本方針を検討した。教育審議会が1941（昭和16）年に出した答申では，「皇国ノ道」を基本精神とし，国家有為の人材を育成する方法をたて，国民としての大任を果たし得る人材を錬成することを主眼とし，国民学校の創設，青年学校の義務化，中学校・実業学校の統合，女子大学の創設などが示された。

（2）　国民学校と「皇国民の錬成」

　総力戦体制は，「皇国民の錬成」を教育の重要な課題とした。1941（昭和16）年3月，教育審議会の答申に基づいて「国民学校令」が公布され，

明治以来長く続いた小学校の名称は消えて国民学校に改められた。「国民学校令」第1条は、「国民学校ハ皇国ノ道ニ則(のっと)リテ初等普通教育ヲ施シ国民ノ基礎的錬成ヲ為(な)スヲ以(もっ)テ目的トス」と規定した。「皇国ノ道」とは、「国体の精華(せいか)と臣民の守るべき道との全体」を意味しており、国民学校では、教育全般にわたって「皇国ノ道」を実現することが修練の目的とされた。「国民学校令」が示す理念は、初等義務教育にとどまらず、総力戦体制下の国民教育全体に及ぶものであった。

日本の近代学校史において、「錬成」が学校教育の目的とされたのは「国民学校令」が初めてである。「錬成」とは、「錬磨育成」の意味であり、「児童の陶冶性(とうや)を出発点として皇国の道に則り児童の内面よりの力の限り即(すなわ)ち全能力を正しい目標に集中せしめて錬磨し、国民的性格を育成することである」と定義された。「錬成」は総力戦体制下の教育を特徴づけるとともに、その範囲は学校教育の枠を超えた各分野に及んでいった。

「国民学校令」は、義務教育年限を8年に延長し、初等科6年・高等科2年とした。また、皇国民としての基礎的錬成の資質の内容は、①国民精神を体認し、国体に対する確固たる信念を有し、皇国の使命に対する自覚を有していること、②透徹せる理知的能力を有し、合理創造の精神を体得し、もって国運の進展に貢献しうること、③闊達剛健(かったつごうけん)な心身と献身奉公の実践力とを有していること、④高雅な情操と芸術的、技能的な表現力を有し、国民生活を充実する力を有すること、などに大別された。

これらの内容に応じて、従来の教科は、国民科（修身・国語・国史・地理）、理数科（算数・理科）、体錬科（体操・武道）、芸能科（音楽・習字・図画及び工作・裁縫）、実業科（高等科）の5つに編制され、各教科が含む多様な内容は、その性質と目的とに応じて科目とされた。つ

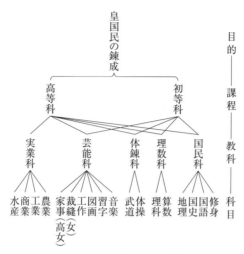

図2-1　国民学校の教科構成
（出典：文部省編『学制百年史（記述編）』帝国地方行政学会，1972年）

まり科目は，教科の有機的分節として位置づけられ，すべての教科は「皇国民の錬成」という目標に集約されると同時に，科目相互の有機的な関連性が重視された。国民学校の教科構成を示したのが図2-1である。

国民学校での教育方法としては，①知識重視の教養を排し，心身一体として教育し，教授・訓練・養護の分離を避け，国民としての統一的人格の育成をめざすこと，②儀式・学校行事の教育的意義を重んじ，これを教科と合わせて一体とし，全校をあげて「皇国民錬成の道場」にしようとしたこと，③学校と家庭及び社会との連絡を緊密にし，児童の教育を全うしようとしたこと，などが特徴である。

なかでも，「錬成」「道場」「型」「行」「団体訓練」などの言葉は，国民学校の教育方法として頻繁に用いられ，その一方で自由主義，個人主義などの言葉は，非国民的用語として極端に排撃された。宮城遥拝（きゅうじょうようはい）と

写真 2-1　奉安殿に向かって拝礼する子ども達
(写真提供　朝日新聞社)

団体行進，さらには駆け足訓練が強いられ，苦しさに耐えて，我慢強く持ちこたえるという意味の「堅忍持久(けんにんじきゅう)」が強調された。

　また，学校には天皇・皇后のお写真である御真影と教育勅語を安置した奉安殿が造られた。国民学校では，登下校の際に奉安殿に向かって拝礼することが日常的な風景となった。

　教育が総力戦体制に組み込まれていく状況は，教科書の内容にも大きな影響を与えた。なかでも，修身科は，「国民学校令施行規則」において，「教育ニ関スル勅語ノ旨趣ニ基キテ国民道徳ノ実践ヲ指導シ児童ノ徳性ヲ養ヒ皇国ノ道義的使命ヲ自覚セシムルモノトス」(第3条)とされ，皇国の「道義的使命」を持つ教科として明確に位置づけられた。そのため，1941(昭和16)年に改訂された第五期国定修身教科書は，第四期国定修身教科書に比べて「国体」を強調する内容がさらに増加した。

　また，軍国主義的な内容も顕著となり，教科書には随処に戦争の挿絵や写真が挿入されるとともに，「軍神のおもかげ」「特別攻撃隊」といった戦争教材や神国観念を強調した教材が掲載された。例えば，国民学校第2学年用の修身教科書『ヨイコドモ』下巻に掲載された「日本ノ国」

は，「日本ヨイ国，キヨイ国。世界ニ一ツノ神ノ国。日本ヨイ国，強イ国。世界ニカガヤクエライ国」という神国観念に基づく日本の優越性を強調する内容となっていた。

(3) 中等・高等教育の改革

　教育審議会の答申を受けて，1943（昭和18）年に「中等学校令」が定められた。これによって，従来の中学校・高等女学校・実業学校の3つに分けられていた中等諸学校は，中等学校となった。しかし，中等学校の改革は制度全般の改革に及んだわけではなく，高等普通教育または実業教育を施すなどの教育内容の改革が中心となった。ここでは特に，武道の重視，配属将校による軍事教練の強化，勤労作業に基づく「皇国民の錬成」などが重視された。また，高等教育機関にも「皇国民の錬成」が目標として組み込まれ，特に大学の理科系統の分野を急速に拡大して多数の学生を進学させる措置が取られる一方，修業年限を短縮して戦時生産活動に従事することを求めた。

　総力戦体制下の学校で最も早く再編されたのは青年学校である。1935（昭和10）年「青年学校令」の公布により実業補習学校と青年訓練所が統一され，青年学校が発足した。1939（昭和14）年からは男子青年学校が義務制となり，男子勤労青年の学校教育を受ける機会が拡大した。しかし，戦時下の困難な状況のもとで，設備の不十分な学校が多く，また専任教員を確保することの困難さは解消されなかった。

2. 学問・教育・思想への抑圧と「日本精神」の強調

(1) 新興教育運動と「天皇機関説」問題

　1931（昭和6）年の満州事変から敗戦までの教育を規定した特徴の一

つは，いわゆる「思想問題」への政府の対応である。具体的にそれは，学問・教育・思想の自由への抑圧（異端の排除）として進められた。

文部省は，1928（昭和3）年に「国民精神作興に関する訓令」を出して学生・生徒に対する思想善導を進め，1931年には文部省内に学生思想問題調査委員会を設置した。学生の思想運動に対しては厳しい弾圧が加えられ，1925（大正14）年から1937（昭和12）年にかけて，約5,000名の学生が検挙され，処分された学生は4,000名を超えた。

大恐慌を背景とする教員給与の不払い，強制寄付，さらには欠食児童の増加などに象徴される社会の経済的困窮の中で，一部の教師たちは，いわゆるプロレタリア教育運動を展開した。1930（昭和5）年，山下徳治（1892-1965）を所長とする新興教育研究所が設置され，機関誌『新興教育』を中心にマルクス主義に基づく教育論の普及を進めた。同年，日本教育労働組合が非合法の組織として発足し，帝国主義戦争の反対とプロレタリア階級のための教育闘争運動を進めた。新興教育運動に対して，1931年2月から関係者の検挙が行われ，特に「長野県教員赤化事件」での検挙・取締者数は600名を超えた。

思想・教育に対する抑圧は学問にも及んだ。なかでも1933（昭和8）年に京都帝国大学で起きた「瀧川事件」[1]は，昭和戦前期の大学自治の歴史を象徴するものであった。「瀧川事件」は思想統制の対象がマルクス主義ばかりではなく，自由主義にまで及んだことを意味していた。

こうした思想統制は，1935（昭和10）年の「天皇機関説」問題へと連続していった。「天皇機関説」とは，東京帝国大学教授の美濃部達吉（1873-1948）が，統治権は法人たる国家にあり，天皇はその最高機関と

---

1) 京都帝国大学法学部の瀧川幸辰教授が，1932年10月中央大学法学部で行った講演「『復活』を通して見たるトルストイの刑法観」の内容が無政府主義的として文部省及び司法省内で問題化したことに端を発する。文部省は瀧川の休職処分を強行するが，京大法学部は教授31名から副手に至る全教官が辞表を提出して瀧川の処分に抗議の意思を示した。結局，辞表を提出した教官のうち瀧川及び佐々木惣一，宮本英雄，森口繁治，末川博，宮本英脩の6教授が免官となった。

して内閣をはじめとする他の機関からの輔弼（ほひつ）を得ながら統治権を行使すると説いたものである。「天皇機関説」は，それまでの20年以上もの間，憲法理論の主流となってきたものであったが，内務省は同年4月9日に美濃部の著書5冊を発禁とすることで従来の解釈を否定した。こうした思想統制によって日本社会の学問の科学的な研究の道は閉ざされ，学問の自由を守ろうとする動きも急速に力を失っていった。

（2）国民精神文化研究所と『国体の本義』

　戦前昭和期の教育政策のもう一つの特徴は，「日本精神」を強調した，いわゆる日本的教育学の隆盛であった。1932（昭和7）年8月，「文部大臣ノ管理ニ属シ国民精神文化ニ関スル研究・指導及普及ヲ掌（つかさど）ル」ことを目的として国民精神文化研究所が設置された。国民精神文化研究所は，「思想防圧の根本的対策」「思想問題の根本的解決」を図る再教育機関としての役割を担うものであり，特にマルクス主義に対抗しうる「理論体系」を構築し，それを普及することによって，「思想困難」を打開する「教学刷新」の第一線の砦となることが期待されていた（『日本近代教育百年史　第一巻（教育政策1）』）。

　国民精神文化研究所は，「正統的な国体論の国定教科書」である『国体の本義』の編纂にも中心的な役割を果たした。1937（昭和12）年3月に刊行された『国体の本義』の目的は，「国体を明徴にし，国民精神を涵養振作すべき刻下の急務」に応えることであった。『国体の本義』第一部「大日本国体」は，日本神話を基礎として，歴代天皇の「聖徳」（せいとく）と世々の民草の「臣節」の数々を挙げながら，日本の国体を特徴づける日本精神の真髄として，「和」の精神と「明（あか）き浄（きよ）き直（なお）き心」（清明心）を紹介している。

　また，日本の戦争は「八紘一宇」（はっこういちう）の精神に基づくものであるとしなが

ら,「我が国は皇室を宗家として奉り,天皇を古今に互る中心と仰ぐ君民一体の一大家族国家」であり,「我が臣民の根本の道」である「忠」は,「天皇に絶対随順する道」であると述べた。

さらに,『国体の本義』第二部では,特に「天皇機関説」を「かの統治権の主体は国家であり,天皇はその機関にすぎないといふ説の如きは,西洋国家学説の無批判的的踏襲といふ以外には何等の根拠はない」と否定し,日本の天皇は,「外国の所謂元首・君主・主権者・統治権者」としてのみではなく,尊厳な「現人神」「現御神」であるとした。

『国体の本義』は,約30万部が印刷され,全国の小学校から大学までの各学校だけでなく官公庁にも送付される一方,一般の読者にも販売された。また,1941（昭和16）年には,『国体の本義』の「姉妹編」「実践編」として『臣民の道』が刊行された。『臣民の道』の内容は,社会主義,無政府主義,共産主義ばかりでなく,民主主義や自由主義までも否定し,個人主義思想を繰り返し批判する一方で,家族国家観を強調する基調は『国体の本義』と同様であった。

しかし,『国体の本義』の「諸言」で「我が国体は宏大深遠であって,本書の叙述がよく真義を尽くし得ないことを懼れる」と述べたように,同書においても「国体」の定義と内容は十分に解明されたわけではなかった。そのため,政府や軍部にとって不都合なものは全て「反国体」の思想として排除される結果を招いていくことになる。

3. 学校の儀式・学校行事と教育文化

（1）国民学校の学校行事

1934（昭和9）年4月3日,東京の二重橋前で「全国小学校教員精神作興大会」が開催された。天皇が親閲する前で,全国から選抜された約

3万6,000人の教員は,「今後益々国民道徳を振興して国運隆昌の基根に倍沃し愈々教育報国の志を固くし（中略）身命を献げて君恩の為に尽瘁し以て皇恩の万一に報い奉らむことを誓ふ」と宣言した。

教育が総力戦体制に組み込まれていく中で重視されたのが，学校での儀式・学校行事である。国民学校では,「皇国民の錬成」という目的のもとに，儀式・学校行事の教育的役割が強調された。学校で行われた儀式を大別すると，①皇室・国家に関するもの，②学校行事に関するもの，③御真影下賜・奉還に関する儀式及び御大典・御大葬・紀元二千六百年祭などの儀式に関するもの，に分けることができる。

なかでも，四方節（1月1日），紀元節（2月11日），天長節（4月29日），明治節（11月3日）の「四大節」は特に重視され，各学校では特別の儀式が実施された。これらの儀式は皇室の祭祀と密接に結び付き，その主眼は国体観念の養成と「皇国民の錬成」に置かれた。学校行事も戦局の悪化とともにその性格は明らかに戦時色を帯びるものとなっていった。例えば，運動会では集団的団体種目が多くなり，種目名も「敵陣突入」「総力戦」「勝って下さい兵隊さん」などのように戦争を実感するものへと変更された。

(2) 社会教化活動の強化と「銃後の教育」

総力戦体制は，学校教育だけでなく全国民を対象としたものであった。政府は，1937年8月24日に「国民精神総動員実施要綱」を閣議決定し，挙国一致，尽忠報国，堅忍持久をスローガンとして,「日本精神」の昂揚を目指した国民運動を展開した。社会風潮の一新，銃後後援（銃後の教育）の強化・持続，非常時財政・経済政策への協力，資源愛護等を内容とした運動は，社会教育活動の側面を持ち，社会教育機関もその遂行に大きな役割を果たした。

なかでも，各地に存在していた青年団は，1941（昭和16）年1月に大日本青少年団として整理・統一された。大日本青少年団は，文部大臣の管轄のもとに地方長官を都道府県青年団の団長とし，青年学校長や小学校長を各組織の団長とした。神祇奉仕，貯蓄奨励運動，軍人援護活動，国防訓練，勤労奉仕などの活動は，青少年に対する統一的な戦時的訓練としての性格を色濃くしていった。また，1942（昭和17）年に愛国婦人会が結成され，「国防思想ノ普及」「家庭生活ノ整備刷新」「国防ニ必要ナル訓練」などを掲げて都会及び地方の農村や漁村の婦人に対する組織的な活動を展開していった。

　総力戦体制においては，部落会・町内会・隣組といった生活に最も密着した末端組織の体制化と強化が図られた。市町村長を中心とする市町村常会の下に部落（村落）・町内会（都市）を置き，さらにその下に10戸程度を単位とする隣組を設けた。1940（昭和15）年には『隣組』（作詞：岡本一平／作曲：飯田信夫）という次のような歌詞の歌謡曲が流行した。

[①とんとんとんからりと隣組／格子を開ければ顔なじみ／廻して頂戴回覧板／知らせられたり知らせたり　②とんとんとんからりと隣組／あれこれ面倒味噌醤油／ご飯の炊き方垣根越し／教えられたり教えたり　③とんとんとんからりと隣組／地震や雷火事泥棒／互いに役立つ用心棒／助けられたり助けたり　④とんとんとんからりと隣組／何軒あろうと一所帯／心は一つの屋根の月／纏められたり纏めたり]

　この唄の明るい軽妙なリズムは，「あれこれ面倒味噌醤油／ご飯の炊き方垣根越し」という隣組の互助的な側面を明るく軽妙に映し出したが，一方では，「非国民」的な言動を監視し規制する機能も併せ持っていた。

特に,「贅沢は敵だ」「鬼畜米英」「欲しがりません勝つまでは」といった戦争のスローガンは,部落会・町内会・隣組といった末端組織を通じて,子ども達の世界にも確実に浸透していった。

(3) 総力戦体制下の子ども文化

昭和期に入ると,大正期の『赤い鳥』に代表される童心主義[2]の児童文学は次第に退潮となり,それに代わって『幼年倶楽部』『少女倶楽部』『少年倶楽部』などの娯楽的傾向の強い児童読み物が子ども達の人気となっていった。しかし,1931（昭和6）年の満州事変以後は,児童読み物にも国策遂行の使命が担わされ,児童読み物が持つヒューマニズム性や文学的な性格は徐々に消失していった。

総力戦体制下において,子ども達の読み物は,日本の現状の把握,戦争への緊張感を駆り立て,軍事的知識を提供するものが中心となっていった。特に偉人の物語（伝記物）は,子ども達に多く読まれ,目標とすべき生き方の理想像となっていった。西郷隆盛,楠木正成,加藤清正,二宮尊徳（金次郎）などが日本人の理想的人間像のモデルとされたが,その内容は総力戦体制下での「滅私奉公」を強いることで共通していた。

4. 総力戦体制と学校教育の崩壊

(1) 学童疎開と子ども達

1944（昭和19）年6月,政府は「特ニ国民学校初等科児童ノ疎開ヲ強度ニ促進スル」とした「学童疎開促進要綱」,翌年3月には「学童集団疎開強化要綱」を閣議決定して都市部からの疎開を進めた。戦局の悪化に伴い,子ども達を戦禍から遠ざけることが主要な目的であった。学童疎開には親戚・縁故先への「縁故疎開」と,縁故先のない者の「集団疎

---

2) 大正時代から昭和初期にかけて主張された児童文学の理念であり,子どもには大人とは異なる価値があり,その本質は純真無垢であるとするものである。

開」があり，二つを合わせた疎開児童の数は約45万人に及ぶと推計されている。

　疎開先の教育施設には，国民学校，中等学校の教室，または公会堂，寺院などが利用され，それらは疎開側の学校の分教場として扱われた。児童の教育には疎開側の学校教員が当たり，受け入れ側と疎開側双方の教職員が相互に相手の学校を兼務して指導することが建前とされた。

　見知らぬ土地での厳しい規則に縛られた友人との共同生活は，児童にとっては日を追うごとに過酷なものとなり，父母への思慕から疎開先からの脱走を試みる児童もあった。また，鍛錬と称される行軍や勤労作業とともに，疎開児童を苦しめたのは，質量ともに悪化した食糧事情であった。

　――「おひるごはんはおいしいうづらまめがはいってゐた。とてもとてもおいしかった」「今日はいろいろのお客様といっしょにごはんをいただいた。とてもおいしかった」「三時頃いり米をいただいた。とてもおいしかった」――。疎開児童の日記は，食べ物に関する記述が数多く，また上級生による下級生からの食べ物のまきあげ，配給の食べ物の窃盗，家庭から薬品を送ってもらって空腹を満たす者，ハミガキの粉を鼻に嗅いで吸う者までいたことを伝えている（唐澤富太郎『図説　明治百年の児童史〈下〉』講談社，1968年）。

　その一方で空腹を抱えた疎開児童の多くは，東京の両親への手紙には「辛い」「会いたい」とは決して書かなかったと言われる。ここには両親に心配をかけまいとする健気な気持ちと，悪化する戦局の中で歯を喰いしばって耐えようとする気持ちとが混在していたと見ることができる。

（2）学徒勤労動員・学徒出陣

　緊迫する戦局の悪化に伴い，修業年限の短縮，学徒勤労動員の強化，

写真2-2　出陣学徒壮行会（明治神宮外苑競技場）
（写真提供　共同通信社／ユニフォトプレス）

　実業学校の卒業時期の繰り上げ，学校報国活動の強化，学徒出陣等によって，総力戦体制への国家的要請に即応する教育の体制が強化されていった。

　1943（昭和18）年に入ると，戦時生産の要請によって，学徒を工場その他の戦時生産に動員する学徒動員が進められた。同年6月，政府は「学徒戦時動員体制確立要綱」を閣議決定し，学徒による勤労動員の強化に基づく特技訓練と防空訓練の徹底を図る一方，女子については戦時救護の訓練の実施を求めた。

　翌1944（昭和19）年8月，「学徒勤労令」と「女子挺身隊勤労令」が公布された。これらによって学徒動員が強化され，夜間学校の生徒や身体が弱いためにこれまで動員から除外されていた生徒までもが動員されるとともに，中等学校卒業者の勤労動員の継続が決定された。1945（昭和20）年3月の時点で動員された学徒数は約310万6,000人，女子挺身隊は20万1,000人を超え，動員による学徒の死亡は1万966人，傷病者は

9,789人を数えた（文部省編『学制八十年史』1954年）。

　また，高等教育機関でもほとんどの学校が教育機関としての機能を停止し，文科系学生と一部の農学部学生が学業を中断して戦場へと向かう学徒出陣が行われた。1943（昭和18）年10月21日，東京の明治神宮外苑競技場では文部省学校報国団本部の主催による出陣学徒壮行会が開かれ，関東地方の入隊学生を中心に約7万人が集まった。

　出陣学徒壮行会を終えた学徒は，同年12月に陸軍へ入営あるいは海軍へ入団した。入営時に幹部候補生試験などを受け将校[3]・下士官[4]として出征した者が多かったが，戦況が悪化する中で激戦地に配属されたものが多かった。また，補給路が断たれたことによる栄養失調や疫病などで大量の戦死者を出し，特別攻撃隊に配属され戦死する学徒兵も多数であった。東京帝国大学3年の時に学徒出陣し，戦艦大和に乗り込んだが奇跡的に生き残った吉田　満（よしだみつる）（1923-1979）は，後に戦没学徒の思いを自らの体験と重ねて次のように書き記している。

　　出撃がほとんど生還を期し難い特攻作戦であることをはじめて知らされた時，まず胸にきたしたのは激しい無念さだった。学生として豊かな希望に恵まれながら一転して軍隊の鞭と檻の中に追いこまれ，しかも僅か二十二歳の短い生涯を南海の底に散らさなければならないことへの憤り，自分が生まれ，生き，そして死ぬという事実が，ついに何の意味も持ちえないのかという焦慮。（中略）何を訴えようというのか。──生き残った同胞が，特に銃後の女性や子供が，これからの困難な時代を生き抜いて，今度こそは本当の生き方を見出してほしい

3）　広義には少尉以上の軍人を意味する士官の類義語，狭義には軍隊において主に兵科に属し部隊指揮官としての任にある士官を指す。
4）　士官（将校）の下，兵（兵卒）の上に位置する。多くの場合，兵からの昇進者であり，士官との間に入って兵を統率する。士官学校を含めて高等教育を受けていない者が職業軍人となる場合は下士官となることがほとんどで，さらに士官に昇進することは少なかった。

と，訴えるというよりも祈りたいような，声の限り叫びたいような気持だった。——戦争の真っ唯中でもがきながら，われわれの死をのりこえて平和の日がやってくることだけを，ただ願わずにはいられなかったのだ。(吉田満『吉田満著作集（下巻）』文藝春秋，1986年)

1945年の敗戦に伴う戦後日本の設計と建設は，こうした戦没学徒の思いや国民の「戦争体験」の記憶が密接に絡み合いながら進められたのである。

（3）教育の「戦争責任」

総力戦体制の中で，教師は自覚の有無にかかわらず戦争協力の役割を担った。なかでも，教育の「戦争責任」を象徴していたのが，「満蒙開拓青少年義勇軍」である。「満蒙開拓青少年義勇軍」とは，1938（昭和13）年から満州国（中国東北部）へ送り出された男子青少年移民である。

同年1月に拓務省が作成した「青少年開拓移民実施要綱」は，「日満一体の実現を促進する」目的で，概ね16歳から19歳までの青年を満州国（中国東北部）に送り出すことを求めた。「満蒙開拓青少年義勇軍」への応募者は当初は多かったが，戦局の悪化とともに，送出予定数の確保が困難となり，政府は各道府県別に割当制を導入するようになった。その割当て人数を確保するために大きな役割を果たしたのが教師であった。

ある教師は，「お国(天皇のこと)のためだ生命を捧げてもらえないか」「一億一心火の玉になって勝たなければならないのだ。ご奉公してくれ」「子どもは親のものではないお国のものだ，覚悟をしてくれ」というように生徒の家を口説き歩かねばならなかったと回想している（岩手県一関国民教育研究会編『教師の戦争体験の記録』労働旬報社，1969年）。満州国（中国東北部）に渡った「満蒙開拓青少年義勇軍」の総数は敗戦

までに合計約8万6,000名に及び，そのうち約2万400名が死亡したと報告されている。

　1945（昭和20）年3月，政府は「決戦教育措置要綱」を閣議決定し，国民学校初等科を除き授業を停止すると発表した。これは同年5月の「戦時教育令」によって法制化され，「学徒ハ尽忠以テ国運ヲ雙肩(そうけん)ニ担ヒ戦時ニ緊切ナル要務ニ挺身(ていしん)シ平素鍛錬セル教育ノ成果ヲ遺憾ナク発揮スルト共ニ智能ノ錬磨ニ力ムル」（第1条）ことが学徒の本分とされた。すでに学校は，子ども達が学業を学ぶ場ではなくなっており，この年8月の敗戦を待つまでもなく，日本の教育体制は実質的には崩壊していたのである。

参考文献

唐澤富太郎『教科書の歴史―教科書と日本人の形成―』（創文社，1956年）
唐澤富太郎『図説　明治百年の児童史＜下＞』（講談社，1968年）
文部省編『学制百年史（記述編・資料編）』（帝国地方行政学会，1972年）
国立教育研究所編『日本近代教育百年史　第一巻　教育政策1』（1973年）
寺﨑昌男・戦時下教育研究会編『総力戦体制と教育―皇国民「錬成」の理念と実践―』（東京大学出版会，1987年）
久保義三『昭和教育史　上（戦前・戦時下編）』（三省堂，1994年）
白取道博『満蒙開拓義勇軍史研究』（北海道大学出版会，2008年）
駒込武・川村肇・奈須恵子編『戦時下学問の統制と動員―日本諸学振興委員会の研究―』（東京大学出版会，2011年）
山田恵吾編『日本の教育文化史を学ぶ―時代・生活・学校―』（ミネルヴァ書房，2014年）

学習課題

（1）総力戦体制下の学校教育の制度と内容について説明できるようにしよう。
（2）総力戦体制下の子ども達の文化について説明できるようにしよう。
（3）総力戦体制下における学校・教師が果たした役割と課題について考えてみよう。

3 | 占領教育政策と「自己改革」の相克

《目標＆ポイント》 1945（昭和20）年8月の敗戦を起点とする戦後教育改革の歩みについて，占領教育政策の理念と日本側の「自己改革」の試みとの間における緊張と相剋の過程を視野に入れながら検討することで，戦後教育改革の内実について考察する。また，「占領」や敗戦に対する日本人の意識や敗戦直後の子ども文化を検討することで，日本にとっての「戦後」の受容について考察する。
《キーワード》 墨塗り教科書，「教育の四大指令」，「新日本建設ノ教育方針」，公民教育構想，第一次米国（アメリカ）教育使節団，「新教育指針」

1. 敗戦と「占領」の中の教育

（1）日本人にとっての8月15日

　1945（昭和20）年8月15日正午に行われた天皇による「終戦の詔書」（いわゆる「玉音放送」）によって国民は敗戦を知った。「終戦の詔書」は，日本の敗戦を告げた上で，「戦陣に死し，職域に殉じ，非命に斃れたる者，及其の遺族に想いを致せば，五内為に裂く」とし，これから日本が直面する苦難は計り知れないものがあるが，「堪え難きを堪え，忍び難きを忍び，以て萬世の為に大平を開かんと欲す（中略）宜しく擧國一家子孫相傳え，確く神州の不滅を信じ，任重くして道遠きを念ひ，總力を將來の建設に傾け，道義を篤くし，志操を鞏くし，誓って國體の精華を發揚し，世界の進運に後れざらむことを期すべし」と結ばれた。

敗戦に対する国民の受け止め方は様々であった。陸軍大将の阿南惟幾は，8月14日に「一死以テ大罪ヲ謝シ奉ル」と書き残して割腹自殺をし，民俗学者の柳田國男（1875-1962）は，「十二時大詔出づ，感激不止。午後感冒，八度二分。」と書き，作家の永井荷風（1879-1959）は，「正午ラジオの放送，日米戦争突然停止せりし由を公表したりと言ふ。あたかも好し，日暮染物屋の婆，鶏肉葡萄酒を持ち来る，休戦の祝宴を張り皆〻酔うて寝に就きにぬ」と書き残した。

 敗戦の責任を自らの死を以て償った一部の軍人と，「祝宴」を催す国民の姿は対照的である。とりわけ後者には，長い戦争による圧迫と緊張から解放された「精神的な虚脱」とともに，敗戦後の社会に対する不安と期待とが混在した感情が表現されていた。

 一般的に言えば，戦後の日本社会は敗戦を「新しい契機」と積極的に受け止めたと言える。例えば，1949（昭和24）年5月3日に出された「角川文庫発刊に際して」という文章は，こうした社会の雰囲気を端的に表現している。現在も角川文庫の最後に付されているこの一文は，「第二次世界大戦の敗北は，軍事力の敗北であった以上に，私たちの若い文化力の敗退であった。私たちの文化が戦争に対して如何に無力であり，単なるあだ花に過ぎなかったかを，私たちは身を以て体験し痛感した」と書き出され，「一九四五年以来，私たちは再び振出しに戻り，第一歩から踏み出すことを余儀なくされた。これは大きな不幸であるが，反面，これまでの混沌・未熟・歪曲の中にあった我が国の文化に秩序と確たる基礎を齎らすためには絶好の機会でもある」と述べられた。

 ここでは，軍事力だけでなく文化でも敗退した日本は，敗戦を契機に「再び振出しに戻り，第一歩から踏み出す」が，これは「大きな不幸」であると同時に「絶好の機会」であると捉えられている。そして，こうした「戦後」への肯定的な意味づけは，戦前・戦中と戦後との「断絶」を強調するものとなっていった。

(2)「新日本建設ノ教育方針」の提示

　戦争の終結によって日本に平穏と秩序が回復されたわけではなかった。戦争末期からの窮迫した衣・食・住の状況はさらに深刻となっており，国民は食べること，生きることに追われながら将来の見えない不安を抱えていた。

　敗戦に伴い，文部省は約340万人を超える学徒動員を解除するとともに，「戦時教育令」を廃止して約46万人を超える疎開児童を親元に戻すことで学校教育の正常化を図っていった。しかし，学徒動員だけでも死亡者は1万966人，傷病者は9,789人に及んだ戦争の傷跡は深く，焼け野原となった都市部には戦災孤児と欠食児童が溢れた。

　文部省は，敗戦から1カ月後の1945（昭和20）年9月15日に「新日本建設ノ教育方針」を公表し，「軍国的思想及施策ヲ払拭（ふっしょく）シ平和国家ノ建設ヲ目途トシテ謙虚反省只管（ひたすら）国民ノ教養ヲ深メ科学的思考力ヲ養ヒ平和愛好ノ念ヲ篤（あつ）クシ智徳ノ一般水準ヲ昂（たか）メテ世界ノ進運ニ貢献スルモノタラシメントシテ居ル」として改革の方向性を示した。これは，GHQから具体的な方針や指示が行われる前に出されたものであり，日本側の立場から提示した戦後の教育方針であったが，結果としてGHQの「非軍事化」と「民主化」の方針と呼応したものであった。

　「新日本建設ノ教育方針」が示した主な内容は，①教育の戦時体制から平時体制へ復帰，学校における軍事教育の全廃と戦争直結の研究所等を平和なものに改変すること，②教科書は根本的に改訂されるが，さしあたり訂正削除すべき部分を指示すること，③教育者は新事態に即応する教育方針に基づいて教育に当たることが肝要であること，④真理探究に根ざす科学的思考や科学的常識を基盤として科学教育を振興すること，⑤国民の宗教的情操と信仰心を養い，新日本建設に資するとともに宗教による国際親善と世界平和を図ること，などであった。

こうした方針に基づき，文部省は教員養成学校の校長などを対象とした講習会を開催し，新教育の普及徹底に努めた。講習会では，新教育が個性の完成を目的とするものであり，そのためには，画一的な教育方法を打破し，各学校及び教師の自主的・自発的な創意工夫を促進することが必要であると強調した。

（3）「公民教育構想」と修身科

戦後日本教育のあり方を日本側から模索する動きは，道徳教育の分野においても進められた。これが「公民教育構想」と呼ばれるものである。「公民教育構想」は，近代教育において道徳教育の役割を果たしてきた修身科の抜本的な改革案として構想されたものであった。

1945（昭和20）年，文部省内に公民教育刷新委員会が設置された。この委員会が同年12月に提出した答申では，新しい公民教育が，従来の修身科に見られた「徳目ノ教授ヲ通シテ道義心ノ昂揚ト，社会的知識技能ノ修得並ビニソノ実践トヲ抽象的ニ分離シテ取扱フガ如キ従来ノ傾向ハ是正サレルベキデアル」とした。

また，従来の修身科が「模型や模倣が説明の手段であることを忘れて，現実の社会生活や模倣出来る行為の仕方としてそれに止まる弊があった」として，「これを反省して模型を現実と誤認させ模倣を当為と混同せぬように注意せねばならぬ」とした。そして，「道徳ハ元来社会ニ於ケル個人ノ道徳ナルガ故ニ，『修身』ハ公民的知識ト結合シテハジメテ其ノ具体的内容ヲ得，ソノ徳目モ現実社会ニ於テ実践サレルベキモノトナル。従ツテ修身ハ『公民』ト一体タルベキモノデアリ，両者ヲ結合シテ『公民』科ガ確立サレルベキデアル」とする方針を示し，新しい公民教育が目指すべき「根本方向」を次のように提示した。

①道徳，法律，政治，経済に関する諸問題についての普遍的一般原理に基づく理解の徹底。
②共同生活に於ける個人の能動性の自覚。
③社会生活に対する客観的具体的認識とそれに基づく行為の要請。
④合理的精神の涵養(かんよう)，非合理的感情的な態度の排除。
⑤科学の振興と国民生活の科学化，科学の社会的意義と役割の認識。
⑥純正な歴史的認識の重視，実証的合理的精神の徹底。

また答申では，「社会現象（道徳・法律・政治・経済・文化）の相関関係を，多角的綜合的に理解せしめること。しかも問題を網羅的に並列することなく，重要な若干の事項に重点を置き，これを立体的に理解せしめ綜合的な知識を与えること」「道徳・法律・政治・経済に関する抽象的理論的な問題も，具体的な卑近な事象を通して理解せしめ青少年の興味と関心とを喚起するよう考慮すること」などが強調された。

(4)「墨塗り教科書」

文部省は，1945（昭和20）年9月20日に文部次官通牒「終戦ニ伴フ教科用図書取扱方ニ関スル件」を発し，①国防軍備などを強調した教材，②戦意昂揚(こうよう)に関する教材，③国際的な和親を妨げる虞(おそれ)のある教材，④戦争終結という現実の事態から遊離した教材を指摘し，翌1946（昭和21）年1月25日に「国民学校後期使用図書中ノ削除修正箇所ノ件」を通牒している。この通牒に基づき，各学校では，児童生徒に教科書の該当部分を切り取らせるか，あるいは墨を塗らせるという処置が取られた。これが，いわゆる「墨塗り教科書」である。

「墨塗り教科書」は，子ども達には日本の敗戦という現実を実感させるものとなった。阿久悠(あくゆう)（1937-2007）は，小説『瀬戸内少年野球団』（文

第3章　占領教育政策と「自己改革」の相克　|　49

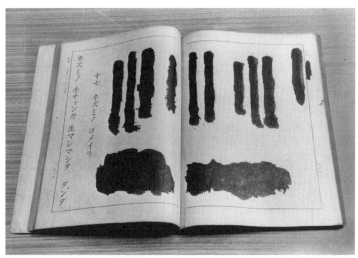

写真3-1　墨塗り教科書
（写真提供　朝日新聞社）

藝春秋，1983年）において，「学校がはじまった。学校のはじまりは，教科書を墨で真っ黒にぬりつぶすことからだった。夢も希望も全てが墨に埋もれてしまった」と述べて，子ども達の心情を表現した。

また，静岡県の国民学校4年の時に敗戦を迎えたある児童は，教科書に墨を塗った経験を次のように記している（唐澤富太郎『教科書の歴史―教科書と日本人の形成―』創文社，1956年）。

　命ぜられるままにだんだん塗っていくうちに，戦争に関係のあるところだと云うことが解ったが，何故それがいけない部分なのか判断に苦しんだ。幾度も皆が声をそろえて読んだ所だ。何日もかかつて暗誦_{あんしょう}出来る様にした所だ。大事に大事にと扱っていた本が，無惨にも黒々と塗られていくのを見て，惜しくて惜しくてたまらなかった。墨が薄

くてまだ活字の読めるものは，繰り返して塗らせられた。少しも感情の動きを見せずにいる先生の態度に，不信を抱いた。誰云うとなくその訳をたずねた。「上からの命令です。こうしないと進駐軍に叱られますから」と先生は答えた。父も母も答は同じだった。誰もそれ以上は説明してくれなかった。

こうした教師の対応は，子どもにとっては不信感を募らせるものとなった。もちろん，教師の中には教科書に墨を塗らせる行為を自らの問題として受け止め，苦悩した者もいた。ある教師は，「『鬼畜米英』も教えた。『打ちてしやまむ』とも教えた。『大君のへにこそ死なめ』とも教えた。そして卒業生たちには出征のたびに激励のことばも送った。その私がどのつらさげて再び子どもたちの前に立つことができようか。(中略)つねに真理を真理として教えていく教師が，今までのことはまちがいであったと簡単に言うことはできないのである。それが純真な子どもであればある程人間としての責任の深さに思い悩んだ」(金沢嘉市『ある小学校長の回想』岩波書店，1967年)と自らの責任に言及した。

しかし，全体から見れば，こうした教師たちはむしろ少数であった。それまで軍国主義的な発言を繰り返し，神話をあたかも歴史的な事実であるかのように教えていた教師が，8月15日を境として「おまえたち，よう考えてみやれい，ひとが雲に乗って空からおりてくるかや」と述べた例は決して少なくはなかった(唐澤富太郎『教科書の歴史―教科書と日本人の形成―』創文社，1956年)。

教育の「戦争責任」が問われるのは，教師だけではなかった。総力戦体制下においては，多くの教育学者も教師と同じく「聖戦」を説き，子ども達に「少国民」としての責任と役割を完遂することを説く著作と論文を発表し続けていた。しかし，こうした教育学者のほとんどは，自ら

が執筆した戦時期の著作や論文に言及することなく戦後の教育界で活躍していった。教育の「戦争責任」をどのように考えるかは、今日の教育学研究においても切実な課題としてあり続けている。

2. 占領教育政策と戦後教育改革の模索

（1）GHQによる「教育の四大指令」

　文部省は1945（昭和20）年9月15日に「新日本建設ノ教育方針」を出して、戦後日本教育の基本方針を明らかにするが、敗戦後の教育政策を主導したのはGHQであった。GHQは、同年8月24日には軍事教練や戦時体錬及び学校防空関連の訓令を全て廃止し、10月3日には銃剣道・教練を、11月6日には体錬科武道（剣道・柔道・薙刀・弓道）の授業の停止を文部省から通達させた。

　GHQは、1945年10月から12月にかけて日本政府に宛てて4つの教育指令を出した。その教育指令とは、「日本教育制度ニ対スル管理政策」（10月22日）、「教員及教育関係官ノ調査、除外、許可ニ関スル件」（10月30日）、「国家神道、神社神道ニ対スル政府ノ保証、支援、保全、監督並ニ弘布ノ廃止ニ関スル件」（12月15日）、「修身、日本歴史及地理停止ニ関スル件」（12月31日）であり、一般にこれらは「教育の四大指令」と言われる。

　「教育の四大指令」の目的は、教育の分野における「非軍事化」と「民主化」を実現するために、軍国主義と超国家主義的教育の禁止と民主主義教育の奨励、職業軍人・軍国主義及び超国家主義者、並びに占領政策反対者の教職追放と自由主義者・反軍国主義者の復職、軍国主義的・超国家主義的教材の排除、国家からの神道の分離と学校から神道教育を排除することにあった。

特に,「日本教育制度ニ対スル管理政策」,「教員及教育関係官ノ調査,除外,許可ニ関スル件」(教職追放令)によって教職の適格審査が本格的に開始され,1947(昭和22)年10月末までに官公私立すべての学校の教職員,中央・地方の教育行政職員,教育に関する法人の役員など約65万人が審査された。そのうち2,623人が不適格者とされたほか,職業軍人,文部省思想局,教学局の高官など2,717人は,審査をすることなく自動的に不適格者として教職追放された。

しかし,対象者が軍国主義や超国家主義の積極的な鼓吹者であったかどうかの審査は難しく,実際には一定の地位,職務等に時期を限って(1937年7月7日~1945年5月7日)その立場に従事していたか否かという機械的な審査と追放が行われた場合が多かった。そのため,総力戦体制下において積極的に戦争協力をした者が審査の対象から外れ,占領教育政策と戦後の新教育の礼賛者として教育界に残ることも珍しくはなかった。また逆に,必ずしも戦争協力者ではなかった者が教職から追放されるという矛盾を生じる場合もあった(『日本近代教育百年史第1巻教育政策(1)』国立教育研究所編,1973年)。

また,「国家神道,神社神道ニ対スル政府ノ保証,支援,保全,監督並ニ弘布ノ廃止ニ関スル件」(神道指令)は,国家神道・神社神道の思想や信仰が軍国主義的・超国家主義的思想を鼓吹し,日本国民を戦争に誘導するために利用されたとの見地から,政府がこれを保護,支援することを禁止し,神道による教育を学校から排除することを指令したものであった。

さらに,「修身,日本歴史及地理停止ニ関スル件」(三教科停止指令)では,軍国主義的・超国家主義的な教材を教育内容から排除しようとしたものであった。この指令は,修身科,日本歴史科,地理科の三教科の授業をGHQの許可があるまで停止するとともに,代行の教育計画実施

案と新教科書の改訂案を提出することを指示した。

「教育の四大指令」に象徴される厳しい禁止措置は，占領後の日本側による抵抗と「自己改革」の不十分さに対する不満を反映したものであった。たしかに，GHQ主導によるこうした禁止措置がなければ，軍国主義と超国家主義的教育の払拭がどの程度可能となったのかは疑問である。

しかし，「教育の四大指令」に見られる教育改革の「外圧性」は，いくつかの問題点を抱えていたことも事実である。例えば，軍事権力を背景とした教育の民主化政策は，本来はそれ自身が矛盾するものであり，民主主義の名を冠した独裁や，自由という名の専制をもたらす危険を内在させていたと同時に（石田雄他『教育学全集3　近代教育史』小学館，1968年），日本側の自律的な「自己改革」の可能性を妨げる要因となったことは否定できない。

そのため，日本側にとって戦後教育改革は，いわば「与えられた改革」としての側面が強く，戦前・戦中の教育を徹底的に検証した上で新しい教育のあり方を構築しようとする機運は形成されにくかった。

（2）第一次米国（アメリカ）教育使節団の来日

「教育の四大指令」は，軍国主義と超国家主義的教育の払拭を基本的な目的とした禁止措置であった。しかし，1946（昭和21）年に入るとGHQは，戦後の教育理念と教育体制の基本方策についての積極的な提言を行っていく。その代表的な役割を担ったのが，連合国軍最高司令官マッカーサー（Douglas MacArthur）の要請によって同年3月に来日した第一次米国（アメリカ）教育使節団である。ストッダード（George D. Stoddard）団長以下，アメリカの教育関係者27名から構成された使節団は，日本側教育家委員会や文部省関係者と連携しながら，約1カ月に

写真3－2　来日した第一次米国教育使節団一行
（写真提供　朝日新聞社）

わたって日本に滞在した後,「第一次米国（アメリカ）教育使節団報告書」（以下,「報告書」と略）をマッカーサーに提出して帰国した。

「報告書」は, 英文タイプで69頁, 日本語に翻訳して約6万字に及ぶものであった。本論は, ①「日本の教育の目的および内容」②「国語の改革」③「初等学校および中等学校における教育行政」④「教授法および教師養成教育」⑤「成人教育」⑥「高等教育」の6章から構成されていた。

まず「報告書」は, 日本の教育制度は, たとえ軍国主義や超国家主義に支配されなかったとしても, その中央集権的な教育制度, 官僚独善的な教育行政, 画一的な詰め込み主義などは近代の教育理念によって当然に改革されなければならなかったであろうと指摘した。そして, 戦後日本が目指すべき教育制度は,「個人の価値の尊厳」を認識し, 各人の能力と適性に応じて, 教育の機会を与えるよう組織され, 個人の持つ力を

最大限に伸ばすよう民主主義を基調とすることが基本であると勧告した。

「報告書」は，学校制度について，小学校6年・中学校3年・高等学校3年の6・3・3制の単線型学校教育制度を勧告するとともに，9年の無償義務教育と教育委員会制度の導入，男女共学の実施，高等教育の門戸開放とその拡大，大学における自治の尊重と一般教育導入などを勧告することで戦前までの学校制度の抜本的な変革を強く求めた。

また，教員養成については，従来の師範学校による閉鎖的で形式的な教育を批判し，新たに四年制課程の大学での教員養成を勧告するとともに，初等・中等教育での中央集権的な教育行政を改め，新たに公選による民主的な教育委員会を設け，人事や教育に関する行政権限を行使させる地方分権的制度の採用を勧告した。さらに，社会教育については，民主主義国家における成人教育の重要性を指摘し，ＰＴＡ（父母と教師の会），学校開放，図書館その他の社会教育施設の役割を重視するとともに，成人教育の新しい手段と方法に言及している。

全体的に「報告書」は，戦前までの日本の教育上の問題点を鋭く指摘，批判しながら，民主主義，自由主義の立場から「個人の価値の尊厳」と一人ひとりの可能性を発達させることを教育の目的とすることを明確に勧告するものであった。同時にそれは，20世紀の世界的な新教育運動に共通する児童観と教育観の提示でもあった。

「報告書」が勧告した内容は，戦後教育改革の具体的な指針となり，そのほとんどは，その後の教育改革の中で実現されていった。

（3） 新教育指針

文部省は「報告書」の内容を踏まえて，1946年5月に教師のための「手引書」として「新教育指針」を公表した。「新教育指針」は二部からなり，

第一部は理論を述べた前編と実践を述べた後編から構成されていた。

「新教育指針」の前編は，①日本の現状と国民の反省，②軍国主義及び極端な国家主義の除去，③人間性，人格，個性の尊重，④科学的水準及び哲学的・宗教的教養の向上，⑤民主主義の徹底，⑥平和的文化国家の建設と教育者の使命，の6章から構成され，新日本建設の根本問題について詳細に説明している。

また後編は，今後の教育が重視すべき点として，①個性尊重の教育，②公民教育の振興，③女子教育の向上，④科学的教養の普及，⑤体力の増進，⑥芸能文化の振興，⑦勤労教育の革新の7章からなっていた。例えば，「個性尊重の教育」（第一部後編第一章）の項目は次のようになっていた。

一．教育は何ゆえに個性の完成を目的とするか
（1）個性の完成は，人生の目的にかなった幸福なものとする。
（2）個性の完成は，社会の連帯性を強め協同生活をうながす。
（3）個性の完成は，社会の進歩をうながす。
二．教育方法において，個性を尊重するにはどうすればよいか
（1）生徒の自己表現を重んずること。
（2）生徒の個性をしらべること。
（3）教材の性質や分量を個性に合わせるように工夫すること。
（4）学習及び生活訓練において個性を重んずること。
（5）進学や就職の指導に個性を重んずること。

また，第二部「新教育の方法」では，学校教育全体を通じて民主主義を徹底することの意義とそのための教材選択や取扱いの方法などが説かれた。ここでは，「民主主義とは人生に対する態度であり，生活のしか

たである」と提示した上で，民主的であることの土台としては，「真実を求め，真実を尊重し，真実に従って行動する精神を養うこと」「自主的に考え，自主的に生活すると共に，責任を重んずる態度を養うこと」「友愛的協同的な態度と，奉仕の精神を養うこと」の三つが大切であるとしている。

そして，こうした内容を実現するためには，従来のように命令による強制や単なる知識として教えるのではなく，「つねに児童の生活に結びつけ，生活を通して，生活の中から体得させるようにすべきである。それには学校内のすべての生活が，民主主義的な方法で行われることが根本の条件である」と繰り返し指摘した。

「新教育指針」の全体を貫く理念は，戦後教育の民主主義化を生活の側面から捉え直したものであると同時に，個性の完成と人間尊重の教育を理念として掲げた第一次米国（アメリカ）教育使節団の「報告書」の方針とも一致するものであった。「新教育指針」は，単なる教師のための「手引書」にとどまらず，全国の学校及び師範学校の生徒に配布されるなど，戦後の教育課程改革の具体的な指針を提示する役割を果たした。

3. 敗戦直後の子ども文化
　　──「ギブミーチョコレート」と「青い山脈」──

戦争による都市部の焼け跡と廃墟には，飢餓や栄養失調に苦しむ国民で溢れ，餓死者も見られた。タケノコの皮を一枚ずつはぐように，衣服などの持ち物を小出しに手放して食いつなぐ「タケノコ生活」や列車にすし詰めになって農村へ向かう「買い出し」。また，焼け跡に露店を出して買い溜め品や軍需物資の放出品，ＧＨＱの横流し品などを高値で売

買した「闇市」は，焼け跡でのバラック住まい，戦災孤児，モク（煙草の吸殻）拾い，疎開地から親元へ帰る疎開児童，復員兵や外地からの引揚者，青空教室，シラミ退治のDDTの散布とともに敗戦直後の国民生活を象徴する風景であった。

その一方で，「鬼畜米英」「欲しがりません勝つまでは」といった戦時中のスローガンから解放された子ども達は，ＧＨＱから放出される食料で飢えをしのぎ，アメリカ兵に親近感を持って近づいていった。ジープのアメリカ兵の周りに集まって「ギブミーチョコレート」と手を伸ばす子ども達の姿は，かつての「鬼畜米英」が「心あたたかい紳士的なアメリカ人」のイメージに変わっていったことを意味していた（中村政則他『戦後日本　占領と戦後改革第３巻　戦後思想と社会意識』岩波書店，1995年）。

また，戦後への新しい期待は石坂洋次郎（1900-1986）の小説『青い山脈』にも象徴されていた。この小説は，1947（昭和22）年６月から10月まで『朝日新聞』に連載された後，同年に新潮社から出版されたものである。東北地方の港町を舞台に，若者の男女交際をめぐる騒動をさわやかに描いた青春物語は，新しい民主主義の時代の到来を実感させた。この作品を原作として1949（昭和24）年には原節子主演の映画が製作され，大ヒットとなった。

その３カ月前に発表された同名の主題歌『青い山脈』（西條八十作詞，服部良一作曲）の「古い上衣よ　さようなら／さみしい夢よ　さようなら」という歌詞は，新しい時代の到来を象徴するものとなった。以下がその歌詞である。

　［①若く明るい歌声に／雪崩は消える　花も咲く／青い山脈　雪割桜／空のはて／今日もわれらの　夢を呼ぶ／②古い上衣よ　さようなら／

さみしい夢よ　さようなら／青い山脈　バラ色雲へ／あこがれの／旅の乙女に　鳥も啼く／③雨にぬれてる　焼けあとの／名も無い花も　ふり仰ぐ／青い山脈　かがやく嶺の／なつかしさ／見れば涙が　またにじむ／④父も夢見た　母も見た／旅路のはての　その涯の／青い山脈　みどりの谷へ／旅をゆく／若いわれらに　鐘が鳴る］

　敗戦によって一度は絶望の淵に立たされた日本は，GHQ主導による様々な改革によって少しずつ新しい時代を切り拓こうとしていた。それは子ども達や若い世代においても例外ではなく，むしろ若い世代は大人以上に「戦後」という時代を積極的に受け止め始めていたのである。

参考文献

文部省編『学制百年史（記述編・資料編）』（帝国地方行政学会，1972年）
海後宗臣編『教育改革（戦後日本の教育改革1）』（東京大学出版会，1975年）
山住正己，堀尾輝久『教育理念（戦後日本の教育改革2）』（東京大学出版会，1976年）
長浜功『教育の戦争責任―教育学者の思想と行動―』（明石書店，1984年）
土持ゲーリー法一『米国教育使節団の研究』（玉川大学出版部，1991年）
久保義三『昭和教育史 下（戦後編）』（三省堂，1994年）
『戦後教育の総合評価』刊行委員会編『戦後教育の総合評価―戦後教育改革の実像―』（国書刊行会，1999年）
貝塚茂樹『戦後教育改革と道徳教育問題』（日本図書センター，2001年）
山田恵吾編『日本の教育文化史を学ぶ―時代・生活・学校―』（ミネルヴァ書房，2014年）
読売新聞昭和時代プロジェクト『昭和時代―敗戦・占領・独立―』（中央公論新社，2015年）

学習課題

（1）1945（昭和20）年8月の敗戦に対する日本人の受け止め方について考えてみよう。
（2）戦後の教育理念の模索過程について，占領教育政策と日本側の「自己改革」という観点から説明できるようにしよう。
（3）戦後教育に果たした「第一次米国（アメリカ）教育使節団報告書」の役割と意義が説明できるようにしよう。

4 | 戦後教育理念の形成と教育行政

《目標＆ポイント》 占領教育政策にとって大きな課題となった教育勅語問題について検討する。具体的には，戦後日本教育の理念をめぐる教育勅語から「教育基本法」の制定へと至る論議の展開過程を，特にGHQと日本側との教育勅語問題への政策的な対応という観点から検討する。また，文部省の再編の動向と地方教育行政改革の意義について，教育委員会制度の設置の経緯を整理しながら考察する。

《キーワード》 教育勅語，田中耕太郎，「教育基本法」，教育刷新委員会，日本教職員組合（日教組），義務教育費国庫負担法，教育委員会制度，「教育委員会法」

1. 教育勅語問題と教育刷新委員会

(1) 占領教育政策と教育勅語

戦後の新たな教育理念を構築するにあたって大きな課題となったのは，「教育ニ関スル勅語」（以下，教育勅語と略）の取扱いであり，それはGHQと日本側双方にとっての課題であった。特にGHQは，教育勅語が日本の天皇制と密接に結びついていると考えており，教育勅語の取扱いは占領政策全体の根幹となる問題であった。

1890（明治23）年10月30日に渙発された教育勅語は，近代教育の中核的な理念であった。教育勅語の本文は315文字からなり，一般的にその内容は三段に分けられる。第一段は，「教育ノ淵源」としての「国体ノ精華」を説き，第二段は，臣民（国民）が守り行うべき12項目の徳目を

列挙している。さらに第三段は，前段で示した道が「皇祖皇宗ノ遺訓」であり，「古今」「中外」に対しても普遍性を持つものであるとした。教育勅語には「国憲ヲ重シ国法ニ遵ヒ」といった近代市民倫理と「父母ニ孝ニ兄弟ニ友ニ」という儒教倫理とが折衷されたものとなった。以下は，教育勅語の全文（現代仮名版）とその口語訳である。

教育勅語　（現代かなづかいによる読み方）

朕惟うに　我が皇祖皇宗　国を肇むること宏遠に　徳を樹つること深厚なり　我が臣民克く忠に克く孝に　億兆心を一にして世々厥の美を済せるは　此れ我が国体の精華にして　教育の淵源亦実に此に存す　爾臣民　父母に孝に兄弟に友に　夫婦相和し朋友相信じ　恭倹己れを持し博愛衆に及ぼし　学を修め業を習い以て智能を啓発し徳器を成就し　進で公益を広め世務を開き　常に国憲を重じ国法に遵い　一旦緩急あれば義勇公に奉じ　以て天壌無窮の皇運を扶翼すべし　是の如きは独り朕が忠良の臣民たるのみならず　又以て爾祖先の遺風を顕彰するに足らん　斯の道は　実に我が皇祖皇宗の遺訓にして　子孫臣民の倶に遵守すべき所之を古今に通じて謬らず　之を中外に施して悖らず朕爾臣民と倶に拳々服膺して　咸其徳を一にせんことを庶幾う

明治二十三年十月三十日
御名　御璽

図4-1　教育勅語

「教育に関する勅語の全文通釈」（文部省図書局，1940年）

朕がおもふに，我が御祖先の方々が国をお肇めになつたことは極めて広遠であり，徳をお立てになつたことは極めて深く厚くあらせられ，又，我が臣民はよく忠にはげみよく孝をつくし，国中のすべての者が皆心を一にして代々美風をつくりあげて来た。これは我が国柄の精髄であつて，教育の基づくところもまた実にこゝにある。

汝臣民は，父母に孝行をつくし，兄弟姉妹仲よくし，夫婦互に睦び合ひ，

朋友互に信義を以て交り，へりくだつて気随気儘の振舞をせず，人々に対して慈愛を及すやうにし，学問を修め業務を習つて知識才能を養ひ，善良有為の人物となり，進んで公共の利益を広め世のためになる仕事をおこし，常に皇室典範並びに憲法を始め諸々の法令を尊重遵守し，万一危急の大事が起つたならば，大義に基づいて勇気をふるひ一身を捧げて皇室国家の為につくせ。かくして神勅のまに〴〵天地と共に窮りなき宝祚（あまつひつぎ）の御栄をたすけ奉れ。かやうにすることは，たゞに朕に対して忠良な臣民であるばかりでなく，それがとりもなほさず，汝らの祖先ののこした美風をはつきりあらはすことになる。

　こゝに示した道は，実に我が御祖先のおのこしになつた御訓であつて，皇祖皇宗の子孫たる者及び臣民たる者が共々にしたがひ守るべきところである。この道は古今を貫ぬいて永久に間違がなく，又我が国はもとより外国でとり用ひても正しい道である。朕は汝臣民と一緒にこの道を大切に守つて，皆この道を体得実践することを切に望む。

（2）教育勅語問題の展開

　教育勅語が日本の天皇制と密接に結びついていると考えていたGHQは，教育勅語の取扱いについての慎重な議論を進めた。これに対して，敗戦直後の日本政府・文部省（現在の文部科学省）では，天皇制の存続を意味する「国体の護持」と民主主義とは決して矛盾するものではないという立場を明確にし，教育勅語への評価は総じて肯定的であった。

　例えば前田多門（まえだたもん）文部大臣は，教育勅語には普遍的な道徳が示されており，教育の目指すべき理念が明確に示されている。しかし，教育勅語の本来の理念は，戦前・戦中の軍国主義と超国家主義とによって著しく歪曲され，誤解されてしまった。そもそも教育勅語の理念が十分に浸透していれば戦争が起こることはなかったのであり，決して教育勅語の理念に誤りがあるわけではない。したがって戦後の新しい教育では，改めて教育勅語の掲げた理念に立ち戻り，その精神を受け継ぐことが必要である，と主張した。前田の主張は，教育勅語の精神に改めて還ることが，

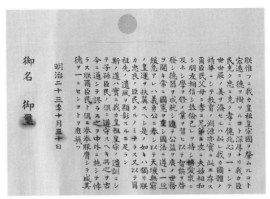

写真4-1 「教育勅語」
(写真提供　共同通信社／ユニフォトプレス)

日本的な民主主義を実現することであるという主張でもあった。

　また，文部省の田中耕太郎学校教育局長は，1946（昭和21）年2月21日の地方教学課長会議での訓示において，「教育勅語は，我が国の醇風(じゅんぷう)美俗(びぞく)と世界人類の道義的な核心に合致するもの」であると発言した。さらに，前田文部大臣の後任となった安倍能成(あべよししげ)も同年2月25日の地方長官会議で「私も亦(また)教育勅語をば依然として国民の日常道徳の規範と仰ぐに変わりない」と発言して田中耕太郎の訓示を支持した。

　また，1946年3月に来日予定の，第一次米国（アメリカ）教育使節団に協力する目的で設置された「日本側教育家委員会」においても教育勅語問題が議論された。この委員会は，連合国軍総司令部のＣＩＥ（民間情報教育局）の指令によって設置されたもので，第一次米国（アメリカ）教育使節団の検討に資するための「報告書」をまとめた。

　「報告書」では，「一，教育勅語に関する意見」において，従来の勅語が天地の公道を示したものとして誤りではないが，時勢の推移につれて

国民の精神生活に適さないものがあるので，あらためて平和主義により新日本建設の根幹となるべき国民教育の精神生活の真方向を明示する詔書の公布を希望すると述べ，教育勅語とは別に新たな教育勅語を渙発することを求めた。一般にこれは，「新教育勅語渙発論」と称せられた。

（3）教育刷新委員会の議論

　教育勅語をめぐっては，GHQ，日本側双方で様々な議論と模索が展開されたが，明確な結論を見るには至らなかった。特にGHQにとっては，教育勅語が天皇制と結び付いた問題であり，天皇制についての占領政策全体の方針を見極める必要があった。

　そのため，1946年3月30日にマッカーサーに提出された「第一次米国（アメリカ）教育使節団報告書」では，直接には教育勅語の取扱いには言及せず，教育勅語問題は，同年8月に設置された教育刷新委員会（第一特別委員会）の論議へと引き継がれた。

　教育刷新委員会は，「教育に関する重要事項の調査審議を行う」ことを目的とし，内閣総理大臣の所管の審議会として1946年8月10日に設置された。教育刷新委員会は，「日本側教育家委員会」を母体としており，現在の中央教育審議会の前身である。「教育基本法」，「学校教育法」をはじめとした戦後の教育改革立法は，基本的に教育刷新委員会の議論を基盤として制定されたことからもわかるように，日本側の教育政策の立案に重要な役割を果たした。教育刷新委員会は，全委員が参加する総会の他に21の特別委員会が設けられ，教育勅語と「教育基本法」に関する内容は，第一特別委員会で議論された。

　第一特別委員会での議論は，大きく「日本国民の象徴であり，日本国民統合の象徴という（天皇の）地位は，精神的の力を天皇がもって居ら

れることを認めている。その範囲に於て勅語を賜るということは憲法の精神に反していない」(芦田均) という見解と,「従来の教育勅語は新憲法下では奉読してはならないとしてよいのではないか,新憲法にふさわしい内容を将来は天皇の『詔勅』で決定すべきではなく,教育根本法として国会が決定すべき」(森戸辰男) という対立する見解を軸として展開した。

　教育刷新委員会は,教育勅語に関する集中的な論議を行い,同年9月25日の第2回総会において,①教育勅語に類する新勅語の奏請はこれを行わないこと,②新憲法発布の際に賜るべき勅語の中に,今後の教育の根本方針は新憲法の精神に則るべきことを確認した。これに基づいて策定された,同年10月8日の文部次官通牒「勅語及詔書等の取扱について」は,①教育勅語をもってわが国唯一の淵源となる従来の考え方を排除すること,②式日等の奉読を禁止すること,③教育勅語を神格化する取扱いを止めること,の3点を明示した。

　これは教育勅語の廃止ではなく,教育勅語を絶対の理念とすることを否定した上で,特に学校教育での神格化した取扱いを禁止することを求めたものであり,ＣＩＥもこの通牒の立場を容認していた。

　このことは,1947(昭和22)年3月20日の貴族院において高橋誠一郎文部大臣が,「日本国憲法の施行と同時に之と抵触する部分に付きましては其の効力を失ひ,又教育基本法の施行と同時に,之と抵触する部分に付きましては其の効力を失ひますが,その他の部分は両立する(中略)詰り政治的な若しくは法律的な効力を教育勅語は失ふのでありまして,孔孟の教へとかモーゼの戒律とか云ふようなものと同様なものとなって存在する」と述べたことでも明らかであった。ここで言う「抵触する部分」とは,勅語という形式で教育理念を国民に示すことであり,「抵触しない部分」とは,「父母ニ孝ニ」以下の12の徳目であることは言う

までもない。それは、「教育基本法」の制定にあたって、田中耕太郎文部大臣が、教育勅語の徳目が古今東西を通じて変わらない人類普遍の道徳原理であり、それらが民主憲法の精神とは決して矛盾しない、と述べたことにも象徴されていた。

また田中は、1946年9月の教育刷新委員会の総会において、「詰り教育勅語を今までの神懸り的のもの、詰り神様の言葉として取扱うような態度であってはならない、それは倫理教育の一つの貴重なる資料であるというような態度で臨まなければならぬ」とも明確に述べていた。

同年10月8日の文部次官通牒「勅語及詔書等の取扱について」の立場に基づき、文部省は「教育基本法」の制定へと着手することになるが、この時点の解釈は、「教育基本法」と教育勅語とは基本的に矛盾するものではない、というものであった。

2.「教育基本法」の制定と教育勅語

(1)「教育基本法」の理念

1947（昭和22）年3月31日に「教育基本法」が「学校教育法」とともに公布・施行された。「教育基本法」の制定は、1946年6月の憲法改正を審議した帝国議会において、当時の文部大臣であった田中耕太郎が教育根本法の構想を明らかにしたことが端緒となっている。「教育基本法」の性格は、①教育に関する基本的な理念及び原則を法律という形式で定めたこと、②日本国憲法の理念を踏まえ、教育の理念を宣言するものとして異例な前文を付したこと、③今後制定すべき各種の教育法の理念と原則を規定したことの3点であり、「実質的に教育に関する基本法の性質をもつ」（文部省編『学制百年史（記述編）』帝国地方行政学会、1972年）ものとされた。

写真4-2　田中耕太郎
（写真提供　共同通信社／ユニフォトプレス）

　「教育基本法」は，前文及び全11条から構成されていた。前文には，新しい憲法の理念の実現は，根本において教育の力にまつべきことを宣言した教育の根本原則が示されている。また，前文では，「個人の尊厳を重んじ，真理と平和を希求する人間の育成を期するとともに，普遍的にしてしかも個性豊かな文化の創造をめざす」ことを教育の目標として掲げた。

　「教育基本法」第1条（教育の目的）では，教育が「人格の完成」を目指し，「平和的な国家及び社会の形成者」として，「真理と正義を愛し，個人の価値をたっとび，勤労と責任を重んじ，自主的精神に充ちた心身ともに健康な国民」を育成することを目的として掲げた。この目的を実現するために，第2条（教育の方針）は，「学問の自由を尊重し，実際生活に即し，自発的精神を養い，自他の敬愛と協力によって，文化の創造と発展に貢献する」ことを求めた。

　また第3条（教育の機会均等）は，「すべて国民は，ひとしく，その能力に応ずる教育を受ける機会を与えられなければならないものであっ

て，人種，信条，性別，社会的身分，経済的地位又は門地によって，教育上差別されない」という教育の機会均等の原則を示し，さらに9年の義務教育制度（第4条），男女共学の原則（第5条）を明記した。

また，第6条（学校教育）は，「法律に定める学校は，公の精神をもつものであって，国又は地方公共団体の外，法律に定める法人のみが，これを設置することができる。法律に定める学校の教員は，全体の奉仕者であって，自己の使命を自覚し，その職責の遂行に努めなければならない」という学校教育の公共性の原則を示した。

第7条（社会教育）は，社会教育の重要性を示し，第8条（政治教育）では「良識ある公民たるに必要な政治的教養は，教育上これを尊重しなければならない」と政治教育の尊重を明記した上で，「法律に定める学校は，特定の政党を支持し，又はこれに反対するための政治教育その他政治的活動をしてはならない」とした。

さらに，第9条（宗教教育）は，「宗教に関する寛容の態度及び宗教の社会生活における地位は，教育上これを尊重しなければならない」としながら，国公立学校における「特定の宗教のための宗教教育その他宗教的活動」の禁止を明記した。

第10条（教育行政）は，教育が「不当な支配に服することなく，国民全体に対して直接に責任を負って行われるべきものである」ことを確認し，教育行政は，「この自覚のもとに，教育の目的を遂行するに必要な諸条件の整備確立を目標として行わなければならない」とした。最後に第11条（補則）において，以上の原則的諸条項を具体的に実施する場合には，別に法令が定められる必要があることが規定された。

（2）教育勅語と「国会決議」

「教育基本法」の制定によって教育勅語問題は決着し，戦後の教育理

念が確定された。ところが, 1948 (昭和23) 年 6 月19日に衆参両議院で「教育勅語排除・失効確認決議」(以下,「国会決議」と略) が行われたことで「教育基本法」と教育勅語の関係は再び不安定なものとなった。近年の研究では,「国会決議」が, GHQの民政局 (GS) の強い働きかけによって行われたことが明らかとなっているが[1],「国会決議」によって, それまでの文部省の立場は修正を余儀なくされることになった。特に衆議院の「国会決議」が, 教育勅語を「日本国憲法」に違反する「違憲詔勅」と位置づけ, 教育勅語が過去の文書としても権威を失うことを明確に示したことは, 1946年10月 8 日の文部次官通牒「勅語及詔書等の取扱について」の内容との相違を浮き彫りにした。それは同時に, 教育勅語と「教育基本法」とは矛盾しないという政府・文部省の従来の立場とも齟齬をきたすものでもあった。

「国会決議」は, その後の教育勅語と「教育基本法」との関係について課題を残すことになった。例えばそれは, 1950 (昭和25) 年に文部省がまとめた『日本における教育改革の進展』が,「国会決議」に基づく教育勅語の返還措置によって教育勅語問題は「完全に終結」したとする一方で, 教育勅語の内容は「今日においてもあまねく人類に普遍的な, 美しい道徳的思想の光をはなっている」[2]と評価していたことにも顕著に示されていた。

また, ここには占領下の状況の中でGHQ主導で行われた「国会決議」の意味や法的拘束力を有しない「国会決議」の有効性に対する疑問も指摘されることで議論はより複雑となっていった。戦後日本教育史において,「教育基本法」と教育勅語の問題がたびたび争点となるのは, 以上のような経緯が端緒となっている。

1) 貝塚茂樹『戦後教育改革と道徳教育問題』(日本図書センター, 2001年)
2) 『日本における教育改革の進展』(『文部時報』第880号, 1950年12月)

3. 日本教職員組合の結成

　GHQの労働政策は，労働基準権の確立と労働組合結成の支援に向けられた。1945年12月には「労働組合法」が制定され，労働者の団結や団体交渉権が保障された。また，「日本国憲法」制定後の1947年4月には「労働基準法」が制定され，労働者の保護が詳細に規定された。これによって教職員や国鉄労働者などの官公庁労働者の組織化が進み，民間でも各企業を単位とした産業別組合が結成され，戦前には約40万人であった労働組合員数は，1948(昭和23)年には，約660万人へと大幅に増加した。

　敗戦に伴う経済的困窮は，教師の生活をも苦境に立たせた。教師の経済生活を安定させ，混乱の中にある教育の再建を図ろうとする教員の組織化と運動は，教員組合の結成を促していった。

　1947年6月8日，日本教職員組合（以下，日教組と略）が結成された。日教組は全日本教員組合など3つの組合が統合されたもので，都道府県単位の教職員組合の連合体であった。日教組結成の目的は，①教職員の職責を全うするための経済的・社会的・政治的地位の確立，②教育の民主化と研究の自由の獲得，③平和と自由とを愛する民主国家の建設，の3条の綱領として決定した。

　また，日教組は行動綱領として，教育復興，国庫支弁による6・3制の完全実施，研究活動の自由と民主化保証，生活賃金制の確立，団体協約完全履行など11項目を掲げた。

4. 文部省の再編と地方教育行政

(1) 文部省の再編

　1949(昭和24)年5月，「文部省設置法」が成立して，戦後の新たな

中央教育行政の組織と任務が明確にされた。国会審議における同法の提案理由説明によると,「文部省設置法」は,①「政府の行政機構刷新の方針」に即応して,「文部省の機構を簡素化」すること,②「戦後の教育の民主化を推進するにふさわしい中央集権行政機構を設ける必要」から立案したものであった。また,文部省の機構を再編する根本方針は,「従来の中央集権的監督行政を一新して,教育,学術,文化のあらゆる面について指導助言を与え,またこれを助長育成する機関足らしめる」ことにあった。

「文部省設置法」の趣旨は,第4条で「教育委員会,大学,研究機関(他の行政機関に属するものを除く。以下同じ。)その他教育に関する機関に対し,専門的,技術的な指導と助言を与えること」「民主教育の体系を確立するための最低基準に関する法令案その他教育の向上及び普及に必要な法令案を作成すること」と明記され,「文部省は,その権限の行使に当って,法律(これに基く命令を含む。)に別段の定がある場合を除いては,行政上及び運営上の監督を行わないものとする」(第5条)と規定された。

また,1952(昭和27)年8月には「義務教育費国庫負担法」が制定された。同法は,義務教育費無償の原則に則って,国が必要な経費を負担することにより,教育の機会均等の水準の維持向上を図ることを目的としたものであった。具体的には,義務教育学校の経費のうち各都道府県が負担した教職員の給与等の実支出額の2分の1を負担するという仕組みを規定したものである(2006年度からは3分の1となっている)。

(2)「教育委員会法」の成立

教育刷新委員会は,1946年12月27日の第17回総会で採択した建議「教育行政に関すること」において,①従来の官僚的画一主義と形式主義の

是正，②教育における公正な民意の尊重，③教育の自主性の確保と教育行政の地方分権，④各級学校教育の間及び学校教育と社会教育の間の緊密化，⑤教育における研究調査の重視，⑥教育財政の整備などに留意して教育行政を根本的に刷新すること，などを求めた。

　特に地方教育行政については，①地方公共団体に公民の選挙による教育委員会を設けること，②教育委員会は教育長を選任して執行の責任者とすること，③教育委員会及び教育長は，管内の学校行政及び社会教育をつかさどること，④府県間の教育内容，教育財政の不均衡を是正し，人事の適正化を図るため，都道府県を一単位とする地方教育委員会及び地方教育研究所を設けること，などの提言を行った。

　教育刷新委員会の提言は，GHQ及び日本政府との調整の中で若干の修正が行われた上で，1948（昭和23）年7月15日に「教育委員会法」として成立した。「教育委員会法」は，教育行政の民主化，地方分権，自主性確保を根本理念としており，その骨子は以下のようなものであった。

①教育委員会は，地方公共団体の行政機関であり，かつ合議制の独立的な機関である。

写真4-3　教育委員会選挙
（写真提供　共同通信社／ユニフォトプレス）

②教育委員会は，都道府県及び市町村に設置される。ただし町村は，連合して一部事務組合を設け，その組合に教育委員会を設置することができる。

③都道府県教育委員会は7人の委員で，市町村教育委員会は5人の委員で組織する。そのうち1人は地方議会の議員が互選で選び，残りの6人または4人は住民が投票して選ぶ。なお，教育委員の任期は4年で，2年ごとに半数を改選する。

④教育委員会は従来の都道府県知事，市町村長等に属していた教育・学術・文化に関する事務を管理・執行する。小中学校教員の人事権は市町村教育委員会の所管とする。

⑤教育委員会に教育長を置き，教育委員会が一定の有資格者の中から任命する。

「教育委員会法」に基づき，1948年10月5日に第1回の教育委員選挙が行われ，同年11月1日に教育委員会制度が発足した。第1回教育委員選挙（昭和23年10月）の投票率は全国平均で56.5％であり，当時の他の公職選挙に比べると低かった（例えば，1947年4月に行われた市町村議会議員選挙，都道府県議会議員選挙は，それぞれ81.1％，81.6％であった）。

(3) 教育委員会制度の課題

発足当時の教育委員会は，運営上の問題や教員出身者が数多く選出されるなどの，制度的及び運営上の課題が生じたため，文部省は教育委員会制度協議会を設置して課題の検討を進めた。教育委員会制度協議会では，特に，①教育委員の選任方法の問題，②教育委員会の設置単位，③地方公共団体の長及び議会との関係，④都道府県と市町村及び国と地方

との関係などについての課題が中心となったが，議論は難航した。

　そのため文部省は，取り敢えず市町村教育委員会の全面実施を一年延期する法案を国会に提出し引き続き議論を続けようとした。ところがこの法案が国会で審議未了となってしまい，当初の計画通り1952（昭和27）年11月1日に市町村教育委員会が全国に設置された。つまり，市町村教育委員会は十分な議論のコンセンサスを得る前にいわば「見切り発車」の形で設置されることとなり，解決すべき課題も先送りされたままであった。

　教育委員会制度については，教育委員会制度協議会のほかにも，地方行政調査委員会議，政令改正諮問委員会，中央教育審議会，地方制度調査会などでも議論を行い，それぞれが改革案を提示した。例えば，教育委員の選任方法については，地方行政委員会議が「教育委員会の委員については，地方公共団体の長が議会の同意を得て任命するものとする」（第二次勧告，1951年9月）と勧告し，政令改正諮問委員会は「教育委員の定数は3名，地方公共団体の長が議会の同意を得て任命することとする」（1951年11月）と答申した。

　また，中央教育審議会の勧告は現行通り選挙による「公選制」を前提とするものであったが，教員の立候補については「離職後一定の期間後でなければならない」（1953年7月）として条件を付していた。この背景には，第1回の教育委員選挙で日教組が組織力を利用した選挙運動を展開し，教育委員全体の3分の1が教員から選出されたことへの批判が影響していた。

　市町村教育委員会の全面設置によって，教員人事その他について全権的な統一処理が支障をきたすことや義務教育の教職員の給与は府県が負担するにもかかわらず，その任用・給与の決定権などは市町村教育委員会が行うことへの行政上の批判も根強かった。さらに，教育委員会の設

置が地方財政を圧迫するとして，1951年以降，全国市長会や全国町村会が教育委員会制度の廃止を決議するなどの動きもあった。

　地方教育行政の理念が模索される中で，その後は特に教育委員の「公選制」をめぐる問題を中心に激しい議論が継続して展開されていった。そしてそれは，1956（昭和31）年の「地方教育行政の組織及び運営に関する法律」をめぐる議論へと連続していくことになる。教育政策の議論は，占領期の教育改革で提示された理念を日本の実態に合わせてどのように組み換え，実現していくかに重点が移行していくのである。

参考文献

文部省編『学制百年史(記述編・資料編)』(帝国地方行政学会, 1972年)
海後宗臣編『教育改革(戦後日本の教育改革1)』(東京大学出版会, 1975年)
山住正己・堀尾輝久『教育理念(戦後日本の教育改革2)』(東京大学出版会, 1976年)
明星大学戦後教育史研究センター編『戦後教育改革通史』(明星大学出版部, 1993年)
久保義三『昭和教育史 下(戦後編)』(三省堂, 1994年)
佐藤秀夫編『続 現代史資料9 教育 御真影と教育勅語2』(みすず書房, 1996年)
『戦後教育の総合評価』刊行委員会編『戦後教育の総合評価―戦後教育改革の実像―』(国書刊行会, 1999年)
貝塚茂樹『戦後教育改革と道徳教育問題』(日本図書センター, 2001年)
貝塚茂樹『戦後教育のなかの道徳・宗教(増補版)』(文化書房博文社, 2006年)
山田恵吾編『日本の教育文化史を学ぶ―時代・生活・学校―』(ミネルヴァ書房, 2014年)
山本正身『日本教育史―教育の「今」を歴史から考える』(慶應義塾大学出版会, 2014年)
読売新聞昭和時代プロジェクト『昭和時代―敗戦・占領・独立―』(中央公論新社, 2015年)

学習課題

(1) 教育勅語と「教育基本法」との関係について,歴史的な観点から説明できるようにしよう。
(2)「教育基本法」の理念と内容について説明できるようにしよう。
(3) 教育委員会制度設置の経緯とその課題について説明できるようにしよう。

5 | 学制改革の混乱と教育課程改革

《目標＆ポイント》 6・3・3制の学制改革の理念とその実施過程を戦前の教育制度との比較を踏まえて検討することで，その歴史的意義について考察する。また，教育課程改革の概要について，戦後のカリキュラム改革運動や社会科と道徳教育との関係を中心に考察するとともに，当時の子ども文化について検討する。

《キーワード》 6・3・3制，複線型学校制度，単線型学校制度，新制中学校，「高校三原則」，学習指導要領，コア・カリキュラム，児童中心主義，社会科，『山びこ学校』，天野貞祐，「修身科」復活問題，「国民実践要領」

1. 戦後の学制改革と学校制度

（1）複線型から単線型へ

　第一次米国（アメリカ）教育使節団の「報告書」で勧告された戦後の6・3・3制の学校制度は，1947（昭和22）年に「教育基本法」とともに制定された「学校教育法」によって規定された。「学校教育法」は，従来は学校の種類ごとに学校令が定められていた法体系を改め，幼稚園から大学までを単一化して規定したものである。これによって，小中学校は1947（昭和22）年度，高等学校は1948（昭和23）年度，大学は一部が1948年度，大多数の大学は1949（昭和24）年度に発足した。

　従来の中等教育段階の学校は，その種類が複雑でしかも高等教育との接続で複数の系統を形成した複線型学校制度，あるいは分岐型（フォー

第 5 章　学制改革の混乱と教育課程改革　｜　79

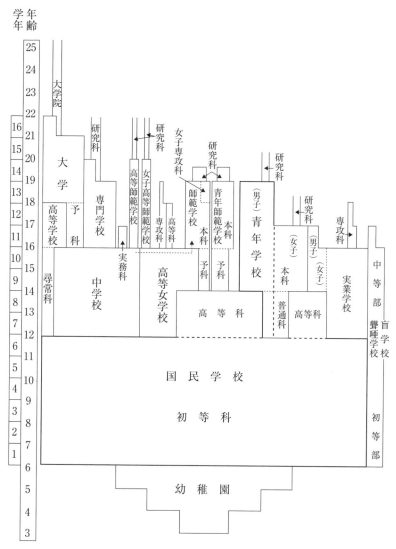

図 5-1　学校系統図（1944年）
（出典：文部省編『学制百年史（資料編）』帝国地方行政学会，1975年）

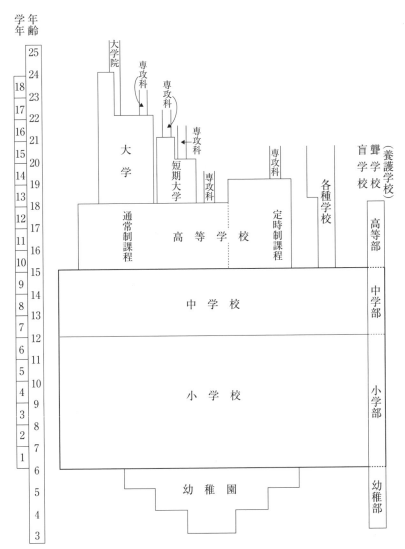

図5-2　学校系統図（1949年）
（出典：文部省編『学制百年史（資料編）』帝国地方行政学会，1975年）

ク型）であり，高等教育への進路もきわめて限定されていた。これに対して，新学制では6年制の小学校に続き中等教育を3年制の中学校と3年制の高等学校に単純化した。また，高等教育機関を4年制の大学に一本化し，大学の門戸をすべての高等学校の卒業生に開放するという単線型学校制度となった。

　単線型学校制度の主な目的は，教育の機会均等を達成することにあったが，この構想は日本でも戦前から議論されたものでもあった。戦後の学校制度改革の多くはGHQから指示されたものであったが，6・3・3制の学制改革については，日本側にもその基盤が形成されていた。

　特に中等教育については，第2章でも言及したように，1943（昭和18）年の「中等学校令」によって，従来の中学校の高等女学校・実業学校を一つの中等学校体系にまとめることが規定されていた。結果的にこれは，戦局の悪化によって実施には至らなかったが，単線型学校制度への構想はすでに示されていたと言える。例えば，教育刷新委員会の委員であった天野貞祐（1894-1980）は，この点について，後に次のように証言している[1]。

　　新学制の成立に関して広く行われている一つの誤解について述べておきたい。それは新学制がアメリカの強制によって成立したという通説である。ひとはしばしば語る。ドイツ政府はアメリカ教育使節団の強制を排し，あくまでも伝統ある自国の学制を維持したのに反し，日本の教育関係者はアメリカの圧迫に屈して六・三制を採用したと。わたしは昭和二十一年第一次アメリカ教育使節団来朝の際，これに対する日本側委員の一人であり，その間の事情はつまびらかに知っているが，広く行われている右の憶測は事実に反する。六・三制がアメリカ教育使節団によって示されたことはもとより事実であるが，強制され

1）「日本教育のゆくえ」（『天野貞祐全集第5巻　教育編』，栗田出版会，1970年）

たという事実はない。というのは日本側委員が六・三制に反対したならば，或いは強制ということも可能であったかもしれないが，全委員が賛成だったからである。

この言葉に従えば，日本側に6・3・3制の学制改革への反対はなく，GHQと日本側との改革の方向性は一致したものであったと言える。

（2）新制中学校の設置の困難

しかし，新学制の実施は，第一次米国（アメリカ）教育使節団の勧告や教育刷新委員会の議論からも極めて短期間で準備を整える必要があり，また財政的にも大きな困難を抱えていた。なかでも新制中学校の設置は，戦前の国民学校高等科や青年学校普通科が上級学校に接続されておらず，いわば袋小路となっていた制度を上級学校に開かれたものとして一本化するものであり，制度的にも財政的にも大規模な改革を必要とした。

また，戦災による学校施設の損傷は激しく，校舎の確保は困難を極めた。1947年度の中学校の生徒数約319万人のうち，約150万人分の教室が不足したと言われる。戦災をまぬがれた旧高等小学校などを転用して独立校舎をもちえた新制中学校は，当初は中学校全体の約15％に過ぎず，1949（昭和24）年4月時点で，二部ないし三部授業を実施するもの2,268教室，講堂や屋内体育館を間切りしているもの3,342教室，廊下・昇降口・物置などを代用しているもの3,090教室もあった[2]。

なかには，馬小屋や電車の中に仮教室を設置する学校や「青空教室」と称して野外で授業をする小中学校も決して珍しくはなかった。新制中学校の設置に伴う校舎の建築資材の不足と自治体財政の逼迫は，多くの自治体担当者を苦しめ，「キョウシュツ（供出）とキョウシツ（教室）

---

[2] 文部省編『学制百年史（記述編）』（帝国地方行政学会，1972年）

写真 5-1　青空教室
（写真提供　共同通信社／ユニフォトプレス）

は市町村長の命とり」と言われたりした。

　また，新制中学校では教員不足も深刻であった。多くは国民学校をはじめ青年学校などの中等学校からの転任によって充足されたが，発足当初の教員充足率は約81％であり，必要な免許状を持たない教員の比率も極めて高かった。

(3) 新制高等学校と「高校三原則」

　一方，1948年度から発足した新制高等学校は，そのほとんどが旧制中学校から昇格した形で出発し，校舎もそのまま転用されたところが多かった。そのため，新制中学校の設置に比べれば，新制高等学校の設置は比較的スムーズに進行した。新制高等学校の設置にあたって重視されたのが，学区制，男女共学制，総合制という「高校三原則」の方針である。これは，旧制の中学校間にあった格差を是正して平準化を図ること，小学校及び中学校とともに高等学校をできるだけ地域学校化してその普及

を図ることを意図したものであった。

「高校三原則」によって、発足から半年後の1950（昭和25）年にかけて、全国で大規模な新制高等学校の再編成（統廃合）が実施された。しかし、地方によっては、ＧＨＱの地方軍政部の強い意向によって実情を無視した学制改革が実施されたことで混乱を生じ、1952（昭和27）年4月の講和・独立後は逐次是正が行われた。また、私立学校の場合は、旧制中等学校が母体となり「高校三原則」は適用されなかった。これによって、多くは男女別の高等学校となり、しかも中学校と高等学校を併設する形態となることも多かった。

2. 教育課程改革と学習指導要領

（1）学習指導要領の制定

新学制の発足に先立ち、最初の学習指導要領として『昭和22年版学習指導要領　一般編（試案）』が文部省より刊行された。これは、アメリカの学習指導に関する教師用ガイドブックであるコース・オブ・スタディ（Course of Study）をモデルとしたものであり、教育の目標や指導方法などが明記された。『昭和22年版学習指導要領　一般編（試案）』に続いて各教科の目標、内容、指導と評価、注意事項を内容とする各科編の学習指導要領が相次いで刊行された。

『昭和22年版学習指導要領　一般編（試案）』の序論は、「これまでの教師用書のように、一つの動かすことのできない道を決めて、それを示そうとするような目的でつくられたものではない。新しく児童の要求と社会の要求とに応じて生まれた教科課程をどんなふうにして生かしていくかを教師自身が自分で研究していく手引書として書かれたものである」と述べ、児童の現実の生活を「教育の出発点」とするカリキュラム

構成のあり方について説明している。

『昭和22年版学習指導要領　一般編（試案）』に示された戦後教育の大きな特色は，戦前の注入主義的で画一的な教育方法から，アメリカの経験主義を基盤とする「児童中心主義」への転換であった。小学校の教科課程は，国語，社会，算数，理科，音楽，図画工作，家庭，体育及び自由研究の9教科と定められた。従来の国民学校の教科構成と比べると，修身，国史，地理の3教科がなくなり，新しく社会，家庭，自由研究が教科として登場した。

なかでも，社会科の目標は，児童が自分達の社会に正しく適応し，その中で望ましい人間関係を育成するとともに，自分たちの属する共同社

表5-1　小学校の教科とその時間配当の基準（1947年4月）

教科＼学年	第1学年	第2学年	第3学年	第4学年	第5学年	第6学年
国　語	175(5)	210(6)	210(6)	245(7)	210—245 (6—7)	210—280 (6—8)
社　会	140(4)	140(4)	175(5)	175(5)	175—210 (5—6)	175—210 (5—6)
算　数	105(3)	140(4)	140(4)	140—175 (4—5)	140—175 (4—5)	140—175 (4—5)
理　科	70(2)	70(2)	70(2)	105(3)	105—140 (3—4)	105—140 (3—4)
音　楽	70(2)	70(2)	70(2)	70—105 (2—3)	70—105 (2—3)	70—105 (2—3)
図画工作	105(3)	105(3)	105(3)	70—105 (2—3)	70(2)	70(2)
家　庭	—	—	—	—	105(3)	105(3)
体　育	105(3)	105(3)	105(3)	105(3)	105(3)	105(3)
自由研究	—	—	—	70—140 (2—4)	70—140 (2—4)	70—140 (2—4)
総時間	770(22)	840(24)	875(25)	940—1,050 (28—30)	1,050—1,190 (30—34)	1,050—1,190 (30—34)

（注）　1　1年間の総時間数である。
　　　 2　かっこ内は毎週平均時間数である。

会を進歩向上させることができるように社会生活を理解させ，社会的態度や社会的能力を養うことにあるとされた。これは新教育課程の教育内容と方法に対する改革の方向を象徴するものであり，新教育課程は社会科を中心に推進されたと言っても過言ではなかった。

また，中学校については，必修教科と選択教科が設けられ，小学校と同様に社会科や自由研究が設置され，職業科が必修教科の一つとして設置された。さらに，高等学校の教科課程は，高等普通教育を主とするものと実業教育を主とするものとの二種類に分類された。ただし，いずれも，国語，社会，体育を必修教科とし，「国民に共通な教養」形成と進路に応じた教科選択と単位取得の方法が採用された。

『昭和22年版学習指導要領　一般編（試案）』の基調は，『昭和26年版学習指導要領　一般編（試案）』に継承された。『昭和26年版学習指導要領　一般編（試案）』の主な改訂内容や特徴は，次のとおりである。

（1）『昭和22年版学習指導要領　一般編（試案）』と同様に「試案」としており，教師の手引きとしての位置づけを明確にしている。
（2）従来の「教科課程」を「教育課程」とした。
（3）「自由研究」を廃止し，小学校に「教科以外の活動」，中学校・高等学校に「特別教育活動」を設けた。すなわち，「教科以外の活動」を教育課程の一領域として位置づけた。
（4）小学校の場合，「各教科に全国一律の一定した動かし難い時間を定めることは困難」との理由から，教科を4つの経験領域に分け，それぞれの領域の授業時数の配当を比率（パーセント）によって示している。4つの領域とは，「主として学習の技能を発達させるに必要な教科」（国語・算数），「主として社会や自然についての問題解決の経験を発展させる教科」（社会・理科），「主として創造的表

現活動を発達させる教科」(音楽・図画工作・家庭),「主として健康の保持増進を助ける教科」(体育)である。
(5) 小学校において,毛筆習字を国語の一部として第4学年以上に課すことができるとした。
(6) 中学校において,「体育」を「保健体育」に,「職業科」を「職業・家庭科」に改めた。

『昭和26年版学習指導要領　一般編(試案)』は,『昭和22年版学習指導要領　一般編(試案)』以上に児童生徒の生活経験を重視した「児童中心主義」の特徴を鮮明にしていた。その意味では,『昭和26年版学習指導要領　一般編(試案)』がアメリカの経験主義教育論の影響を強く受けた戦後教育課程改革の「典型」と見ることができる。

(2) 社会科と道徳教育をめぐる問題

　社会科設置の経緯は,特に道徳教育との関係で大きな課題を内在させていた。本書第3章で言及したように,日本側(文部省)は,敗戦直後から修身科の廃止を前提とした道徳教育の抜本的な改革を検討していた(「公民教育構想」)。その内容は,道徳の知識と社会認識との有機的な関係を重視しながら,修身科に代わる新たな教科としての「公民科」の設置を計画したものであった。

　これに対してGHQは,当初は修身科の改訂再開を前提としていたが,1946(昭和21)年5月以降,社会科の設置を強く求めることになる。実際に社会科の設置は,第一次米国(アメリカ)教育使節団の「報告書」においても勧告されていたわけではなかった。しかし,日本側(文部省)の作成した『公民教師用指導書』の内容が当時アメリカの一部で実施されていた社会科の内容と類似していたこと,またアメリカで社会科のカ

リキュラム作成にも関わった経験のある担当官が新たにＣＩＥ（民間情報教育局）に着任したことが社会科導入の直接の要因となった。

　アメリカのソーシャル・スタディーズ（Social Studies）をモデルとし，歴史，地理を含めた広域総合教科として構成される社会科は，当時のアメリカ教育学の主流であった経験主義に基づいた教育内容と方法を主体としたものであった。しかし，社会科は日本側（文部省）が当初に計画した「公民科」とは性格を異にしており，社会科の実施は「公民教育構想」の挫折と同時に，道徳教育を担う明確な教科が教育課程から無くなることを意味していた。また，こうした社会科設置の経緯は，修身科を中心とした戦前までの道徳教育の功罪を検討し，その上で戦後の新しい道徳教育を模索・確立しようとした日本側による「自己改革」の試みを不徹底なものとしてしまう結果となった。

（3）「修身科」復活問題と「国民実践要領」

　近代教育理念の大きな柱であった教育勅語の解釈が，1948（昭和23）年6月の「国会決議」によって不安定となったことは第4章で述べた通りである。また，戦前までの道徳教育の役割を担っていた修身科が教育課程からなくなったことは，戦後教育において道徳教育はどうあるべきかという根本的な課題を引き継ぐことになった。それでも社会科設置の歴史的な経緯から，戦後の道徳教育は当初，「社会科を中心とした道徳教育」という方向性で模索されてきた側面もある。

　しかし，こうした方向性は，1950（昭和25）年8月に来日した第二次米国（アメリカ）教育使節団の「報告書」が「道徳教育は，ただ社会科だけからくるものだと考えるのはまったく無意味である。道徳教育は，全教育課程を通じて，力説されなければならない」と述べたことで，再検討を促がされることとなった。

写真 5-2　天野貞祐
（写真提供　朝日新聞社）

　こうした中で，1950（昭和25）年5月に第三次吉田内閣の文部大臣となった天野貞祐は，課題とされてきた道徳教育について問題を提起した。天野は，同年11月に「わたしはもとの修身といったような教科は不必要だと考えていたが，最近各学校の実情をみると，これが必要ではないかと考えるようになった。（中略）そこで，教育の基礎として口先でとなえるものではなく，みんなが心から守れる修身を，教育要綱といったかたちでつくりたい」と発言した。この発言をきっかけとして，いわゆる「修身科」復活問題が世論を巻き込んだ大きな論議となっていった。
　天野発言の趣旨は，戦前までの修身科の功罪を改めて検討し，「修身科の否定として出てきた社会科というものを，いわば一つの契機として，ここに新しい意味の道徳教育というものを考える」というものであった。この発言には，道徳教育と社会科との曖昧な関係を再検討する意図が含まれており，基本的にそれは，第二次米国（アメリカ）教育使節団の「報告書」の勧告の内容とも呼応するものであった。
　天野発言には厳しい批判もなされたが，読売新聞の「修身科復活是か

否か」と題する紙上討論形式の世論調査（1950年12月8日）の結果では，天野の提起した「修身科」の復活に約64％が賛成であり，天野の問題提起を支持する意見も少なくはなかった。また，天野は1951（昭和26）年，戦後の道徳教育理念について教育勅語に代わりうる「国民実践要領」の制定を提案した。これらの提案は，戦後教育改革において十分に検討されずに持ち越されていた課題を再検討する意味を持っていた。

　ところが，天野が提起した「修身科」復活と「国民実践要領」の制定は結局は実現しなかった。例えば，「修身科」復活が実現しなかった直接の要因は，教育課程審議会が1951年1月に「道徳教育を主体とする教科あるいは科目を設けることは望ましくない」という答申を出したためである。

　この答申の内容を踏まえ，文部省は同年4月から5月にかけて『道徳教育のための手引書要綱——児童・生徒が道徳的に成長するためにはどんな指導が必要であるか——』を発表している。ここでは，「道徳教育は，学校教育の全面において行うのが適当」であり，「社会科をはじめとする各教科の学習や特別教育活動が，それぞれどのような意味でまたどのような面で道徳教育に寄与することができるかを明らかにすることが大切である」と続けている。

　ただし，天野の問題提起が実現しなかった根本的な要因としては，天野発言それ自体の内容が具体性を欠いていた点を指摘できる。例えば天野は，「国民実践要領」の性格を国民の「道徳的基準」「国民の道しるべ」「教育基本法，学校教育法の解説，注釈」などと位置づけた。しかし，「国民実践要領」の論議が展開している過程では，その具体的な内容が示されることはなかった。

　天野発言に具体性がなかったことは，これが再軍備問題を実現するためのイデオロギーとして準備されたものという批判を招くこととなっ

た。そのため，「修身科の否定として出てきた社会科というものを，いわば一つの契機として，ここに新しい意味の道徳教育というものを考える」という天野が意図した本来の趣旨は十分に理解されることはなく，結局，「国民実践要領」は文部大臣在任中には発表されなかった。天野が個人的に「国民実践要領」を発表したのは，文部大臣退任後の1953（昭和28）年であった。

　しかし，1953（昭和28）年8月に文部省は「社会科の改善についての方策」を発表し，従来の社会科の指導方法等の欠陥を是正し，道徳教育，地理，歴史教育の充実を図るとともに，1955（昭和30）年には社会科の学習指導要領を改訂した。この改訂の趣旨は，民主主義の育成に重要な役割を担う社会科の基本目標は堅持するが，指導計画や指導法の欠陥を是正し，道徳教育，地理，歴史の指導の充実を求めたものであった。天野が提起した道徳教育問題は，社会科との緊張関係を内在化させながら，1958（昭和33）年の「道徳の時間」の設置をめぐる議論へと連続していった。

3．戦後のカリキュラム改革運動と子ども文化

(1) 敗戦直後のカリキュラム改革運動の展開

　戦後の教育課程改革が進む中で，民間でも1950年代はじめにかけてカリキュラム改革運動が展開された。なかでも埼玉県川口市の「川口プラン」や広島県の「本郷プラン」は，アメリカのコミュニティ・スクールの発想を強く受けたものであり，地域教育計画の一環として地域社会の生活課題と実態とを踏まえて教育課程（カリキュラム）を編成しようとする取組みであった。

　また，1948年10月には教育学者や現場の教師たちを中心に，コア・カリキュラム連盟（1953年に生活教育連盟に改称）が結成された。これは戦

前・戦中の教育の反省から、子どもの興味・関心を軸とする教育課程（カリキュラム）の編成を目指したものであった。

「コア・カリキュラム」とは、コアとなる「中核課程」とそれにかかわる他の諸経験を周辺に配置した「周辺課程」とを統合的に組織したものを意味している。経験主義の理念に立脚しながら、子どもの社会的発展を図ろうとした教育方法は、一般に生活単元学習と呼ばれた。

子ども達に生活の現実を見つめさせ、自らの考え方や生き方を育てようとする方向性は戦前の生活綴方教育への関心を再び喚起した。1950（昭和25）年7月に日本綴方の会が結成（1951年9月に日本作文の会と改称）され、教育活動を展開した。

こうした動向の中で注目されたのが、1951（昭和26）年に刊行された『山びこ学校―山形縣山元村中学校生徒の生活記録』であった。これは、山形県南村山郡山元村（現在の上山市（かみのやま））の中学教師であった無着成恭（むちゃくせいきょう）が、子ども達の作文、詩、版画などを収めて刊行したものである。

写真5-3　『山びこ学校―山形縣山元村中学校の生活記録』
　　　　　（青銅社、1951年）

社会科教師として赴任した青年教師の無着が直面したのは，東北の農村の貧困を文字通り表現した一寒村の生徒達だった。『山びこ学校―山形縣山元村中学校生徒の生活記録』が浮き彫りにしたのは，学級の約2割の生徒が自分の家の仕事の都合で欠席する厳しい現実の中で，自分の名前すら書けず，漢字の読めない生徒や計算のルールが理解できない生徒の実態であった。これに対して無着は，戦前の北方性教育運動の遺産にも学びつつ，学力も様々な子ども達が，経済的な困難を抱えながらも現実の生活について討議し，考え，行動までも推し進めるための綴方指導を模索し実践した。
　このほか，1951年に数学教育協議会，1952（昭和27）年には教育科学研究会などが結成され，戦後初期のカリキュラム改革運動に大きな役割を果たした。
　しかし，こうしたカリキュラム改革運動が提唱され，教師が自ら考え，話し合い，判断すべきものであるとされても，多くの教師たちにその理念と趣旨が十分に浸透したわけではなかった。例えば，コア・カリキュラム運動が積極的に推進された一方で，「大多数の教師は自分に与えられたカリキュラム構成の自由をもてあまし，右往左往したすえ，結局は学習指導要領の手引書によってお茶をにごすのが実情であった」（石田雄他『教育学全集3　近代教育史』小学館，1968年）のである。

（2）子ども文化の活性化――『赤胴鈴之助』と『鉄腕アトム』
　敗戦によって一度は絶望の淵に立たされた日本は，GHQによる様々な改革が原動力となる中で少しずつ新しい時代の風を感じ始めていた。それは，子ども達の世界においても例外ではなく，むしろ子ども達は大人以上に「戦後」を敏感に感じ取り意識し始めていた。1950（昭和25）年に公開された映画『東京キッド』で当時13歳の美空ひばり（1937-1989）

写真 5-4　街頭テレビに見入る人々
（写真提供　共同通信社／ユニフォトプレス）

が歌った同名の主題歌は，次のような歌詞であった。

［①歌も楽しや　東京キッド／いきでおしゃれで　ほがらかで／右のポッケにゃ　夢がある／左のポッケにゃ　チュウインガム／空を見たけりゃ　ビルの屋根／もぐりたくなりゃ　マンホール　②歌も楽しや　東京キッド／泣くも笑うも　のんびりと／金はひとつも　なくっても／フランス香水　チョコレート／空を見たけりゃ　ビルの屋根／もぐりたくなりゃ　マンホール　③歌も楽しや　東京キッド／腕も自慢で　のど自慢／いつもスイング　ジャズの歌／おどるおどりは　ジダパーク／空を見たけりゃ　ビルの屋根／もぐりたくなりゃ　マンホール］

映画『東京キッド』で美空ひばりが演じたのは，靴磨きのような格好をした少女だった。この時期，全国では推計で約4,000人の浮浪児がいたとされているが，実数はこれをはるかに上回っていた。戦争で両親を亡くした戦災孤児は，靴磨きや「チューインガム売り」をして必死に生

き抜かなければならないのが現実であった。新しい時代へ夢と希望を抱きながらも戦争の爪痕はまだ生々しかった。

　それでも1953（昭和28）年にテレビ放送が開始されると，人々は戦争の記憶を急速に癒し，プロ野球，大相撲の実況中継を観戦するために店頭や街角は人々で溢れた。プロ野球では長嶋茂雄と王貞治が人気を二分し，大相撲は，大鵬，柏戸の「柏鵬（はくほう）時代」を迎え，「巨人・大鵬・卵焼き」が流行語となった。

　特にプロレス中継では力道山（りきどうざん）（1924-1963。本名は百田光浩）が人気を集め，巧妙な反則を繰り返す外国の悪役レスラーの攻撃に耐え，最後に「空手チョップ」で叩きのめす姿に人々は声援を送り熱狂した。敗戦からおよそ10年しか経っていないこの時期，人々は，力道山が屈強な外国人レスラーに打ち勝つ姿に敗戦後の廃墟から立ち上がる自らの姿を重ね合わせたと言える。

　また，漫画の『赤胴鈴之助（あかどうすずのすけ）』が1957（昭和32）年からラジオ電波に乗り，1958（昭和33）年2月からテレビ放送を開始した。『月光仮面』に子ども達は熱狂し，翌1959（昭和34）年には，『週刊少年マガジン』（講談社）と『週刊少年サンデー』（小学館）が相次いで創刊されたことで，漫画は子ども達の文化の中に浸透していった。手塚治虫，横山光輝，ちばてつや，赤塚不二夫，藤子不二雄らが活躍し，手塚の本格的なストーリー漫画は，多くの読者を獲得した。手塚の『鉄腕アトム』は，1963（昭和38）年に日本初の国産テレビアニメとして放映された。

　科学技術の分野においては，1949（昭和24）年の湯川秀樹に続き，1965（昭和40）年に朝永振一郎（ともながしんいちろう）がノーベル物理学賞を受賞したことは子ども達に大きな希望と勇気を与える出来事となった。経済的な復興と多様な文化の浸透は，国民全体が徐々に戦争の痛手から回復されつつあることを象徴していた。

参考文献

文部省編『学制百年史（記述編・資料編）』（帝国地方行政学会，1972年）
大田堯編『戦後日本教育史』（岩波書店，1978年）
土持ゲーリー法一『六・三制教育の誕生―戦後教育の原点―』（悠思社，1992年）
明星大学戦後教育史研究センター編『戦後教育改革通史』（明星大学出版部，1993年）
『戦後教育の総合評価』刊行委員会編『戦後教育の総合評価―戦後教育改革の実像―』（国書刊行会，1999年）
貝塚茂樹『戦後教育改革と道徳教育問題』（日本図書センター，2001年）
貝塚茂樹『道徳教育の教科書』（学術出版会，2009年）
山田恵吾編『日本の教育文化史を学ぶ―時代・生活・学校』（ミネルヴァ書房，2014年）
読売新聞昭和時代プロジェクト『昭和時代―戦後転換期―』（中央公論新社，2013年）
山本正身『日本教育史―教育の「今」を歴史から考える―』（慶應義塾大学出版会，2014年）
山田恵吾・藤田祐介・貝塚茂樹『学校教育とカリキュラム（第三版）』（文化書房博文社，2015年）

学習課題

（1）複線型学校制度と単線型学校制度の意味を理解し，戦後の学制改革の特徴について説明できるようにしよう。
（2）戦後教育改革期における学習指導要領の特徴について説明できるようにしよう。
（3）民間のカリキュラム改革運動と，この時期の子ども文化について説明できるようにしよう。

6 | 新制大学の成立と教員養成

《目標＆ポイント》 新制大学成立までの経緯とその歴史的な意義を戦前までの高等教育制度との比較を視野に入れて検討する。また，戦前までの師範学校を中心に行われていた教員養成制度から戦後の「大学における教員養成」と「開放制」に基づく教員養成制度への転換及び教員養成をめぐる議論を検討しながら，戦後の教員養成制度改革の意義と課題について考察する。
《キーワード》 師範学校，新制大学，「大学における教員養成」，「開放制」，「学芸大学」，教職教養，「教育職員免許法」，教育指導者講習（IFEL）

1. 高等教育の再編と新制大学

（1）戦時体制の解除と女子教育の門戸解放

　総力戦体制下の学校教育は，特に高等教育の分野において壊滅的な状況にあった。なかでも致命的であったのは学徒動員であり，大部分の学生が学業を中断して戦場に向かい，または工場での勤労動員に従事した。教育機関としての実質的な機能はすでに失われていた。

　敗戦とともに，文部省（現在の文部科学省）はすみやかに戦時教育体制を是正し，教育機関を正常な教育環境へと復帰する施策に取組んだ。敗戦の翌日の1945（昭和20）年8月16日には「学徒動員令」を解除し，同月21日には「戦時教育令」[1]の廃止を決定した。また，1941（昭和16）年度から1944（昭和19）年度までの間，臨時的な修業年限短縮措置

---

1) 1945年5月22日に公布された法律（勅令320号）であり，日本の教育法規の事実上の全面停止措置を規定した。条文自体は全6条であり，学徒は戦時に適切な要務に挺身すること，教職員は学徒に率先垂範して学校単位で学徒隊を結成させて食糧増産・軍需生産・防空防衛などにあたらせることなどが明記された。

が実施されていたが，1946（昭和21）年2月の「大学令」の改正によって，2年に短縮されていた高等学校高等科及び大学予科の修学年限が3年に延長された。

　高等教育において，教育の民主化を目指した戦後教育改革の大きな特色の一つは，女子への門戸開放であった。従来，中学校と高等女学校，専門学校と女子専門学校とは区別されていた。しかも，高等学校への女子の入学は認められなかったことで，女子の大学への進学は事実上は不可能となっていた。したがって，女子の高等教育機関としては，東京，奈良の女子高等師範学校が最高の機関であった（現在のお茶の水女子大学と奈良女子大学）。

　文部省は，1945年12月に「女子教育刷新要綱」を閣議決定し，女子の大学入学を妨げている規定を改めるとともに，女子大学の創設と大学での共学制実施の方針を明確にした。また，1946年3月の第一次米国（アメリカ）教育使節団の「報告書」も「現在準備の出来ているすべての女子に対し，今直ちに高等教育への進学の準備の自由が与えられなくてはならない」と述べて，女子の高等教育への門戸開放を強く勧告した。

（2）大学4年制の構想

　6・3・3制の学制改革は，直接的には第一次米国（アメリカ）教育使節団の強い勧告によるものであった。第一次米国（アメリカ）教育使節団の「報告書」は，学校制度に関して，初等学校6年，下級中等学校3年，さらに上級中等学校3年という6・3・3制の単線型学校制度の確立を提言し，このうち下級中等学校までの9年間を無償の義務教育とし，男女共学の採用を求めた。6・3・3制については，国民から当時のGHQに実施を望む投書が何百万通も送られたことも学制改革の実施を後押しする結果となった。

「報告書」は，「大学はすべての現代教育制度の王座である」と位置づけ，研究の自由と大学の自治を重要視する勧告をした。また，高等教育制度の基本原則は，高等教育を受ける機会の拡大に置かれるべきであり，高等教育が少数者の特権ではなく，多数者のための機会とならなくてはならないことを勧告している。

しかし，「報告書」は大学を4年制とすることを勧告してはおらず，6・3・3制に接続する大学4年制の実現は，実質的には日本側が主導したものであった[2]。例えば，「日本側教育家委員会」の「報告書」では，「三年制の上級中学校の上に四年制又は五年制の学校体系を明確にして，大学を設けること。而して上級中学校の卒業生にはその学校種別の如何を問わず等しく大学への入学資格を認めること」という提言がなされていた。

（3）新制大学の成立

旧制の高等教育機関としては，帝国大学，官公私立大学，高等学校，専門学校及び高等師範学校，女子高等師範学校，師範学校，青年師範学校などの教員養成諸学校があった。これらの高等教育諸学校は，学校体系の民主化と一元化の原則に基づいて再編され，すべてが単一の4年制の新制大学となり，その多くは1949（昭和24）年度から発足した。

それに先駆けて，1948（昭和23）年4月に12校の大学の新制大学への昇格が実現している。それは，神戸商科大学，日本女子大学，東京女子大学，津田塾大学，國學院大学，上智大学，聖心女子大学，同志社大学，立命館大学，関西大学，関西学院大学，神戸女学院大学であった。当時，文部省には新制大学を1948年度から発足させる計画はなく，その背景にはGHQ（CIE）の意向が反映したと考えられる。これらのほとんどは私立大学であり，そのうち6校がキリスト教系大学，5校は女子大学

---

2) 詳しくは，土持ゲーリー法一『米国教育使節団の研究』（玉川大学出版部，1991年），同『戦後日本の高等教育改革政策―「教養教育」の構築―』（玉川大学出版部，2006年）などを参照のこと。

表6-1　設置者別の新制大学数　　　　　　　　　　（1953年4月現在）

区分	大学総数	うち大学院を置くもの	うち通信教育部を置くもの	うち夜間部を置くもの	うち短期大学を置くもの	うち専攻科を置くもの	うち別科を置くもの
国立	72	12	0	3	7	3	12
公立	34	4	0	2	9	2	2
私立	120	29	7	31	52	3	13
計	226	45	7	36	68	8	27

表6-2　新制大学の設置年度別学校数（1953年4月現在）

年度	国立	公立	私立	計
昭和23	0	1	11	12
24	70	17	81	168
25	0	7	△2　14	△2　21
26	1	1	2	4
27	1	△1　8	△2　12	△3　21
28	0	1	4	5
計	72	34	120	226

（注）　△印は合併および廃校による減少数を示す。
（出典：文部省編『学制百年史（記述編）』帝国地方行政学会，1972年）

であった。女子高等教育の門戸開放とキリスト教系教育機関の振興とを目指したGHQ（CIE）の政策がここに反映されたと言える[3]。

（4）大学基準と新制大学の再編

　1947（昭和22）年3月31日に「教育基本法」とともに制定された「学校教育法」第52条は，「大学は，学術の中心として，広く知識を授けるとともに，深く専門の学芸を教授研究し，知的，道徳的及び応用的能力を展開させることを目的とする」と規定した。

　新制大学の特色は，①一般教育を重視して，人文・社会・自然の諸科学にわたり豊かな教養と広い識見を備えた人材を養成することを主眼と

3）　大田尭編『戦後日本教育史』（岩波書店，1978年）

していること，②学問的研究とともに専門的，職業的訓練を重視して，しかも両者を一体化すること，にあった。

　新制大学を設立するにあたっては，その設置を認可するための基準を制定することが必要であった。1948年1月，大学設置委員会（1949年6月に大学設置審議会と改称）が設けられ，文部大臣の諮問に応じて新制大学の設置認可に関する審査を行った。

　私立の高等教育機関は，それぞれの理念に基づいた学校運営がなされており，大学への昇格にあたっては，大学の設置基準に適合するかどうかが問題とされるだけであった。しかし，教育目標や設置の性格や基準の異なる多様な官立の高等教育機関をいかに再編するかは複雑な課題であった。当時の逼迫した財政上の理由によって，これらの教育機関を個別に単独昇格させるのではなく，統合して国立大学にまとめる必要に迫られていたからである。

　そのため文部省は，1948年6月に新制国立大学の設置に関して，①国立大学は，特別の地域（北海道，東京，愛知，大阪，京都，福岡）を除き，同一地域にある官立学校はこれを合併して一大学とし，一府県一大学の実現を図ること，②国立大学における学部または分校は，他の府県にまたがらないものとすること，③各都道府県には必ず教養および教職に関する学部もしくは部をおくこと，④国立大学の組織・施設等は，さしあたり現在の学校の組織・施設を基本として編成し，逐年充実を図ること，⑤女子教育振興のために，特に国立女子大学を東西の二ヵ所に設置すること，などを骨子とする「国立大学設置の11原則」を決定して発表した。

　新制国立大学の再編では，様々な組み合わせが模索され，その過程で「国立大学設置の11原則」に沿わないケースも続出した。例えば，専門学校が師範学校との合併に難色を示した例や，旧帝国大学と師範学校と

表6-3　新制大学設立年度別

	大学				短期大学			
	国立	公立	私立	合計	国立	公立	私立	合計
昭和23	0	1	11	12				
24	70	17	81	168				
25	0	7	14	21	0	17	133	150
26	1	1	2	4	4	7	21	32
27	1	8	12	21	3	7	15	25
28	0	1	4	5	0	6	17	23

表6-4　新制大学の編成諸タイプ（1953年4月時点）

	国立	公立	私立	小計
旧制大学を含むもの	26	14	44	84
大		10	16	26
大＋予			5	5
大＋専	1	2	1	4
大＋予＋専	1	2	21	24
大＋予＋師	1			1
大＋高＋専	4			4
大＋専＋師	4			4
大＋予＋専＋師	2			2
大＋高＋専＋師	12		1	13
大＋予＋高＋専＋師	1			1
旧制大学を含まないもの	46	20	76	142
予		1		1
高			5	5
専	11	17	69	97
師	9			9
高＋専		1		1
高＋師	4			4
専＋師	13	1		14
高＋専＋師	6			6
講習所	2			2
新設	1		2	3
合計	72	34	120	226

注）大：大学（旧制），予：大学予科，専：専門学校・専門部，高：高等学校（旧制），
　　師：高等師範学校・師範学校・青年師範学校
　　（出典：天野郁夫『新制大学の誕生　下』名古屋大学出版会，2016年）

の合併が難航した例（東北大学），旧制高等学校と旧帝国大学の合併に伴う混乱（東京大学）などが代表的なケースであった。それでも，1949年5月31日に「国立学校設置法」が制定され，国立大学69校が発足した。

　新制大学（短期大学を除く）の1953（昭和28）年度の入学定員は，国・公・私立を合計して約10万8,000人であった。そのうち，文科系学部は約5万2,000人，理科系学部は約3万3,000人，教員養成学部は約2万3,000人であった。国立大学の一府県一大学の設置は実現されたが，ほとんどが旧制の学校を母体としたため，学校数，在学者数は，東京，愛知，京都，大阪，兵庫，福岡の6都道府県で約65％を占め，私立大学については，学校数の約53％，在学者数の約63％が東京に集中していた。

　1949年の新制大学への転換に際して，旧制の専門学校の大部分は新制大学への昇格を目指したが，そのうち約50校は教員組織，施設・設備の要件を満たすことができなかった。そのため教育刷新委員会は，同年1月の総会で「二年または三年の大学について」の建議を採択し，これを短期大学と称することとした。大学設置審議会が定めた「短期大学設置基準」では，「短期大学は，高等学校の教育の上に二年または三年の実際的な専門職業に重きを置く大学教育を施し，よき社会人を育成することを目的とする」とされた。

　暫定的な制度として発足した短期大学は，その後は著しい発展を遂げ，高等教育機関としての独自の地位を確保していった。経済的負担が軽く，短期間に実際的な職業教育が可能となる短期大学は，1964（昭和39）年に恒久的な制度となった。また，高等専門学校の創設も制度化され，1962（昭和37）年度から工業高等専門学校が発足した。高等教育機関は量的拡大とともに多様化の方向へと展開していったのである。

表6-5 学部・学科系統別の学生・生徒数（戦前・戦後比較）（1943年度）

区　分	教育学系	文学系	法経商学系	理学系	医薬学系	工学系	農学系
総　数	39,786 (11.4)	37,322 (10.7)	95,506 (27.5)	31,479 (9.0)	33,037 (9.5)	46,452 (13.3)	(900) 13,478 (3.9)
旧制大学	—	9,023 (12.6)	36,229 (50.5)	5,192 (7.2)	7,900 (11.0)	9,140 (12.7)	2,619 (3.7)
師範専門	39,786 (14.4)	28,299 (10.2)	59,277 (21.4)	26,287 (9.5)	25,137 (9.1)	37,312 (13.5)	(900) 10,859 (3.9)

区　分	家政学系	商船学系	体育学系	芸術学系	その他	総　数
総　数	11,185 (3.2)	(15,600) 	2,340 (0.7)	2,018 (0.6)	35,556 (10.2)	(364,659) 348,159 (100.0)
旧制大学	—	—	—	—	1,634 (2.3)	71,737 (100.0)
師範専門	11,185 (4.1)	(15,600) 	2,340 (0.9)	2,018 (0.7)	33,922 (12.3)	(292,922) 276,422 (100.0)

（1952年度）

区　分	教育学系	文学系	法経商学系	理学系	医薬学系	工学系	農学系
総　数	62,922 (13.2)	63,059 (13.3)	189,301 (39.8)	15,932 (3.4)	24,970 (5.3)	58,475 (12.3)	23,700 (5.0)
旧制大学	88 (0.3)	2,897 (9.5)	11,551 (37.9)	1,170 (3.8)	9,936 (32.6)	3,478 (11.4)	1,357 (4.5)
短期大学	322 (0.6)	10,588 (20.6)	17,847 (34.7)	208 (0.4)	—	4,291 (8.3)	715 (1.4)
新制大学	62,512 (15.9)	49,574 (12.6)	159,903 (40.7)	14,554 (3.7)	15,034 (3.8)	50,706 (12.9)	21,628 (5.5)

区　分	家政学系	商船学系	体育学系	芸術学系	その他	総　数
総　数	17,025 (3.6)	616 (0.1)	1,946 (0.4)	5,301 (1.1)	11,730 (2.5)	474,977 (100.0)
旧制大学	—	—	—	—	—	30,477 (100.0)
短期大学	13,493 (26.2)	—	753 (1.5)	1,032 (2.0)	2,200 (4.3)	51,449 (100.0)
新制大学	3,532 (0.9)	616 (0.2)	1,193 (0.3)	4,269 (1.1)	9,530 (2.4)	393,051 (100.0)

（備考）1　この表は文部省所管の学校のみを集録した。したがって樺太・朝鮮・台湾・満州・関東州および陸海軍諸学校ならびに他省所管のものを除く。
　　　　2　学生・生徒数はすべて本科生のみ計上した。なお学生・生徒数の中で昭和18年度の総数のかっこ内の数字は、本省移管前の推定数を含めた。
　　　　3　学科系統別は原則としてすべて学科別（短期大学は科別）の区分によって分けた。
　　　　4　旧制高等学校・旧制大学予科・新制大学の教養学部および区分不能の学科はその他に含めた。

（出典：文部省編『学制百年史（記述編）』帝国地方行政学会，1972年）

2. 教員養成制度の改革

(1) 第一次米国（アメリカ）教育使節団の勧告

　戦後教育改革において，新教育の担い手となる教員をどのように育成するかは大きな課題であった。これまで小学校の教員養成は主として師範学校で行われ，中学校・高等女学校などの中等教育機関の教員養成は，主として高等師範学校と女子高等師範学校が担っていた。

　こうした閉鎖的な師範学校の教員養成では，自由な発想と学問研究の姿勢と雰囲気が欠如していたと指摘され，一般には「明朗闊達の気質を欠き，視野が狭く，偽善的であり，陰湿，卑屈，偏狭」[4]という，いわゆる「師範タイプ」教員を輩出したことへの批判が根強かった。

　1946（昭和21）年3月に来日した第一次米国（アメリカ）教育使節団は，「報告書」の中で，従来の教員養成の欠陥を厳しく指摘した。特に，師範学校での形式主義的な教育を批判し，専門的な準備教育と高等普通教育を授ける教員養成機関にすべきであると勧告した。具体的には，師範学校を専門学校または単科大学の目的養成機関として充実・整備するとともに，一般の大学においても師範学校と同様に計画的な教員養成を行うべきであることを勧告したのである。さらに，小学校教員のみでなく，校長や教育行政職員などすべての学校の教員に専門的な準備教育が必要であるとし，それに対応する教員免許制度の確立を勧告した。

(2) 教育刷新委員会における論議
―「アカデミシャンズ」と「エジュケーショニスト」―

　第一次米国（アメリカ）教育使節団による勧告の内容は，教育刷新委員会第五特別委員会で論議された。第五特別委員会では，委員の社会的立場，学問観や教育観の違いによって見解が分かれたが，戦前までの閉

---

4) 篠田弘他編『学校の歴史　第5巻　教員養成の歴史』（第一法規，1979年）

鎖的な師範教育による教員養成は改める必要があるという点では一致していた。したがって,「報告書」のいう師範学校を専門学校・単科大学とし,そこで教員養成を行うという勧告には基本的に抵抗はなかった。

しかし,教育刷新委員会の中で激しい論争となったのは,いわゆる「アカデミシャンズ」と「エジュケーショニスト」との間での見解の相違である。山田昇によれば,実際にはこれに両者の折衷的な立場を加えた3つが,教育刷新委員会での教員養成のあり方に関する基本的な見解として整理できる[5]。それぞれの象徴的な見解をまとめれば以下のようになる。

①一般教養・学問的教養を重んずる見解(「アカデミシャンズ」)
「教育者は人間が誠実で学問があれば十分である。(中略)教育学や教授法を学ぶことが教育者にとって有益であるとしてもあくまでもそれは二次的である。」(天野貞祐)

②教育科学的教養を重んずる見解(「エジュケーショニスト」)
「学芸大学(教員養成を主とする大学)で専門教育といえば,むしろ教職教育であって,教科に関する専門的知識は教科教育法の教材内容として研究されなければならないのである。教育の研究と教員の養成を専門とする大学においていちばん欠けているのは,教員養成のカリキュラムの研究である。」(城戸幡太郎)

③一般教養と教職的教養とを統一的に把握しようとする見解(「折衷型」)
「一般教養というものを十分身に備えておけば教職的教養というものは或意味で自然に工夫がついていく。」(務台理作)

いずれの立場も「教員養成は大学で行う」という点では一致していた

---

5) 山田昇「教育刷新委員会におけるアカデミシャンズとエデュケーショニスト」(『和歌山大学教育学部紀要—教育科学—』第20集,1970年)

が，①は専門的な学術研究を行うことが教員養成の基本であるという立場に立ち，いかなる形においても教員養成のための大学はあるべきではないと主張するものであった。これに対して②は，「専門的教師」にふさわしい充実した「系統的準備教育」を主張し，目的大学を構想する一方，条件さえ整えばその他の大学での教員養成を排除するものではないとの立場にあった。また③は，一般教養を主とする大学で教員養成を行うという「学芸大学」構想に連続するものであったと言える。

（3）「大学における教員養成」と「開放制」の原則

　教育刷新委員会は，1946年12月の総会で「大学における教員養成」の原則とどの大学においても教員免許が取得できるという「開放制」の原則を決定し，1947（昭和22）年5月9日に「教員養成に関すること（其の一）」を採択した。ここでは①「教育者の育成を主とする学芸大学」を設置して小中学校の教員を養成すること，②一般大学の卒業者も，教員として必要な課程を履修した者は教員に採用すること，③現在の教員養成諸学校のうち適当なものは学芸大学に改めること，④教員養成のための学資支給制，指定義務制は廃止すること，⑤教員の養成は官公私立の区別なく，いずれの学校でもできること，などといった戦後教員養成制度の基本的な方向性が示された。特に「教育者を主とする学芸大学」を明記したのは，戦前の師範学校に類した教育大学を否定しながらも，他方で一般の大学卒業者からのみ教員を供給するとした場合，教員数が大幅に不足するという状況を考慮したためである。

　その後，「国立大学設置の11原則」に基づいて，教員養成諸学校の再編が検討され，1948年5月の時点で高等師範学校7校，師範学校55校，青年師範学校46校，その他17校の計125校あった官立の教員養成諸学校は，新制大学の発足に際して，7つの学芸大学，19の学芸学部，26の教

育学部に統合，再編された。北海道，東京，愛知，奈良，京都，大阪，福岡の都道府県では，師範学校・青年師範学校が独立して学芸大学となった。また，その他の県では，それまで旧制高等学校が置かれていた県は，それを母体にして文理学部や人文学部をつくり，旧師範学校を母体として教育学部となった。一方，旧制高等学校がなかった県では，旧師範学校は学芸学部となった。

　しかし，こうした専門学校と師範学校，旧帝国大学と師範学校との合併をめぐる制度的な困難の中で，戦後の新たな教師像や教員養成観をめぐる議論も錯綜していった。なかでも，教員養成において教職的な教養を重視するか，あるいは一般教養・学問的教養を重視するかについては，充分な議論が尽くされたわけではなかった。

（4）教員養成制度改革の課題

　教員養成制度改革で最も深刻だったのは，教員養成大学・学部の人的・物的環境の貧困さであった。ここには財政的な問題も影響したが，戦前までの師範学校が中等学校に準ずる制度的位置しか与えられなかったことも要因であった。そのため，教員養成制度の改革は，ともすれば大学への「昇格」問題という制度的側面に関心が集まり，師範教育の刷新と新しい教員養成理念の実現は二次的なものとなった。

　さらに，旧師範学校の人的・物的環境の貧困が充分に払拭されないままに新制大学の教員養成系大学・学部として出発したことは，ともすれば既成のアカデミズムの立場からの批判や蔑視を増幅させ，それがまた逆に教員養成系大学・学部関係者からの反発を誘発していった。こうした両者の対立と軋轢が，1960年代以降の学部分離（東北大学の小学校教員養成課程の分離問題）や学部の名称変更を促す要因となったことは否定できない。

一方，私立大学については，当初は国からの助成はほとんど行われなかった。戦前から大都市に集中していた私立学校は，戦災の被害も甚大であったが，自力で大学昇格の要件を獲得する必要があった。財政的な援助がない中で大学としての制度的な要件の充足が優先されたことは，結果として経営中心に比重を置く傾向を助長した。そのことが，1960年代の大学紛争（私学紛争）の遠因となったとの指摘もある[6]。例えば，「マスプロダクション（大量生産）」の略語を用いた「マスプロ授業」は，私立大学の教職課程においても例外ではなく，そうした教育内容に対する学生の不満は徐々に高まっていった。

3.「教育職員免許法」の制定と「教育指導者講習」

(1) 教職教養の重視

　1949（昭和24）年5月20日，「教育職員免許法」（以下，「免許法」と略）が制定された。「免許法」は，次のような原則に基づくものであった。

> ①教育職員はすべて相当の免許状を有するものでなければならないこと（免許状主義）。
> ②学校段階や教諭，校長などの職の違いによりそれぞれ異なった免許状を設け，中等学校教員については，教科ごとに免許状を定めること（専門職性の確立）。
> ③学校によって資格の取得条件に違いがあった従来の制度を改め，大学等に一定期間在学し，所定の単位を修得すれば免許状が取得できるようにしたこと（開放制の原則）。
> ④免許状に段階を設け，現職教育によって上級の免許状を得られるという方式を採用し，卒業後の職能の向上を図ったこと（現職教育の重視）。

6）　前掲書『戦後日本教育史』

「免許法」では教職科目の履修が重視され、4年制大学卒業者については、小学校・幼稚園教諭は25単位、中学校・高等学校教諭は20単位、大学に2年以上在学した者を対象とする二級免許状の場合は、小学校・幼稚園教諭が20単位、中学校・高等学校教諭は15単位が最低取得単位数と定められた。新制大学における教員養成は、「免許法」に定めた単位の取得基準によって強く規定されることになったのである。

「免許法」における教職教養の重視は、CIEの強い意向を反映したものであった。先に述べたように戦前の師範教育を批判したCIEは、「大学における教員養成」の原則を重視する一方で、教職教養を重視し、教員養成のための特別な教育機関が必要であるとしていた。そのため、教育刷新委員会が打ち出した学芸大学案では不十分であり、学生に教員としての教職教養を適切に修得させることを目的とした教育大学や教員養成学部の設置が望ましいと考えていた。「国立大学設置の11原則」に掲げられた「各都道府県には必ず教養および教職に関する学部もしくは部をおく」というのがCIEの意向であった[7]。

具体的に「教育職員免許法施行規則」で示された教職科目は、教育心理学（または児童心理学もしくは青年心理学）・教育原理・教育実習・教科教育法（中学校・高等学校教諭の場合）のほか、教育哲学・教育史・教育社会学・教育行政学・教育統計学・図書館学などであった。しかし、これらの教職科目の多くは、当時の日本の教育学では研究蓄積のない分野であり、教職科目を担当する大学教員の育成が急務の課題となった。

(2) 教育学教員の再教育と「教育指導者講習」（IFEL）

「免許法」に基づいた大学教員の育成に重要な役割を果たしたのがIFELである。IFELとは、Institute for Educational Leadership の略称であり、日本名は「教育指導者講習」（以下、IFELと略）、一般に

---

7) 高橋寛人『戦後教育改革と指導主事制度』（風間書房、1995年）

は「アイフェル」と呼ばれた。ＩＦＥＬは，ＣＩＥの指導の下で1948（昭和23）年10月から1952（昭和27）年3月までの間に合計8期にわたって開催された。第1期から第8期までの受講者は延べ 9,374人であり，これに関わった日本人講師は約560人，米国人講師は94人にのぼる。

　ＩＦＥＬの主な目的は，新制大学の教職課程における教員養成と現職教育を担当する大学教員の再教育及び教育委員会法によって誕生した教育長・指導主事を養成することにあった。開設コースは，①教育原理・教育心理・教育社会学・教育指導・教育評価・教科教育法などの教職課程に関するもの，②教育長・指導主事・校長といった現場の指導職のためのもの，③職業教育管理・図書館学・特殊教育・通信教育などの新しい教育分野に関するもの，④大学の管理・財政・学科課程・学生補導などであった。ＩＦＥＬの各コースの期間は，1週間から2週間の短期のものもあったが，12週間という長期にわたるものが主流であった。

（3）教育学の改革と免許法の改正

　ＣＩＥ主導で進められたＩＦＥＬは，大学と教員養成のあり方に抜本的な変革を促したものであった。それは，1948年1月に文部省が刊行した『日本における高等教育の再編成』において，「従来日本の大学においては，実際には多数の学生が職業を得るために学んでいたにも拘らず，その本来の目的は学術の研究にあるのであって，職業的訓練を施すのは専門学校の任務であるとして職業教育を軽視」してきたと指摘したことにも示されていた。その上で同書は，新制大学においては，「職業的な訓練が学問研究のための準備と同様に重視」されるべきことを明言した。このことは，ＣＩＥと文部省が師範教育のみにとどまらず，教育学の基本的なあり方にも変革を求めたことを意味していた。

　ところが，1951（昭和26）年3月に「免許法」が改正され，中学校一

表6-6　IFELにおける各講座（コース）の会期および参加者数

○…開設会期

講座名			1948年度		1949年度		1950年度		1951年度		参加者数
			第1期	第2期	第3期	第4期	第5期	第6期	第7期	第8期	
教職課程関係	一般的基礎	教授グループ	○	○	○						216
		一般教育			○		○	○			718
		教職課程基礎学科					○	○			224
		教育評価					○	○			49
	学校種別	幼児教育					○	○			36
		小学校教育課程					○	○			54
		中等学校教育課程					○	○			56
	各教科の教育	農業科教育				○	○	○	○		131
		家庭科教育				○	○	○			144
		工業科教育					○	○			42
		商業科教育							○		36
		保健体育科教育				○	○	○			128
		数学科教育							○		66
		社会科教育							○	○	85
		理科教育							○	○	78
新しい教育職		教育長	○	○	○	○			○	○	1123
		小学校指導主事	○	○	○	○			○	○	1011
		中等学校指導主事	○	○	○	○			○	○	866
		小学校管理					○	○			315
		中等学校管理					○	○			306
新しい教育分野		職業教育管理							○		71
		図書館教育および司書			○		○				101
		青少年指導者・青年指導		○	○	○	○				1298
		特殊教育					○	○			42
		養護教育					○		○		84
		成人教育					○	○			100
		通信教育					○	○			88
		公開講座					○	○			107
大学の新しい運営		大学行政官・学生補導		○	○	○		○			1789
合計											9374

(注) 文部省大学学術局教職員養成課『教育指導者講習小史』（文部省大学学術局教職員養成課，昭和28年）8～12ページより作成。

(出典：明星大学戦後教育史研究センター編『戦後教育改革通史』明星大学出版部，1993年）

級・高等学校二級の教職科目の最低履修単位数のうち、5単位を「当分の間」教科専門科目で履修できるとする改訂が行われた。さらに1954（昭和29）年5月の「免許法」改正では、中学校二級免許について5単位削減され、小学校・幼稚園教諭免許取得のための教職教養も軽減された。

　教職科目削減の理由について文部省は、一般大学における実施上の困難を挙げているが、文部省にあって改革を推し進めた玖村敏雄（くむらとしお）は、次のように述べている[8]。

　　今やすべての教育職員となろうとする者は教職的教養の一定単位を要求せられることとなったため需要は急激に増加しているが供給はそれに副（そ）い得ない。この不足を補うために学殖の不十分な者、古い型の者で新しい教育への理解の足らない者などが採用せられたりする。かくてせっかく新しい理想のもとに教育の科学的実験実証的研究を通して教育職員を専門職のレベルにまで高めようと出発しても、現実に学生が受ける教育が不十分であり学的興味をよび起すに足りないなら、教職的学科は嫌悪軽蔑せられるに至り、教育職員に必須な学問であるという根拠を失い、ひいてはこの領域の学問の将来の発展をはばむことにもなるであろう。

　大学において教職科目を教えることができる教員の数が絶対的に不足しているという状況に直面して、「免許法」の意図した教職教養重視の方向性は徐々に後退を余儀なくされていった。そのことは1954年の「免許法」改正において、校長・教育長・指導主事の免許制度が廃止されたことにも連続していった。

---

8)　玖村敏雄「教育職員の養成問題」（『理想』1951年3月号）。なお、この点の詳しい経緯については、高橋前掲書『戦後教育改革と指導主事制度』を参照のこと。

参考文献

海後宗臣編『教員養成（戦後日本の教育改革 8）』（東京大学出版会，1971年）
文部省編『学制百年史（記述編・資料編）』（帝国地方行政学会，1972年）
大田堯編『戦後日本教育史』（岩波書店，1978年）
明星大学戦後教育史研究センター編『戦後教育改革通史』（明星大学出版部，1993年）
山田昇『戦後日本教員養成史研究』（風間書房，1993年）
高橋寛人『戦後教育改革と指導主事制度』（風間書房，1995年）
『戦後教育の総合評価』刊行委員会編『戦後教育の総合評価—戦後教育改革の実像—』（国書刊行会，1999年）
ＴＥＥＳ研究会編『「大学における教員養成」の歴史的研究—戦後「教育学部」史研究—』（学文社，2001年）
山田恵吾編『日本の教育文化史を学ぶ—時代・生活・学校—』（ミネルヴァ書房，2014年）
山田恵吾・藤田祐介・貝塚茂樹『学校教育とカリキュラム（第三版）』（文化書房博文社，2015年）
天野郁夫『新制大学の誕生（上・下）—大衆高等教育への道—』（名古屋大学出版会，2016年）

学習課題

（1）戦前の高等教育機関の再編と新制大学の成立の歴史的過程について説明できるようにしよう。
（2）戦後の教員養成の原則と教員養成改革の課題について説明できるようにしよう。
（3）教員養成をめぐる議論を整理した上で，教職教育のあり方とその意義について考えてみよう。

7 | 戦後教育改革の「転換」と「新教育」批判

《目標＆ポイント》 サンフランシスコ講和条約による独立・主権の回復と，「60年安保」という政治状況の中で，戦後教育改革の成果と評価をめぐる政治的対立が激しくなっていく動向を検討するとともに，この対立が教育にもたらした意味と課題について考察する。具体的には，「文部省対日教組」という構図の中での「教育二法」の制定問題と「勤評」闘争，「新教育」批判と「道徳の時間」設置や教科書問題を中心として，高度経済成長までの歴史を検証する。

《キーワード》「55年体制」，「文部省対日教組」，政治的中立性，「偏向教育」，「教育二法」，「勤評」闘争，「学テ」裁判，地教行法，「道徳の時間」，教科書問題，「60年安保」，全学連，「もはや戦後ではない」

1. 戦後教育再編をめぐる政治対立の激化

(1) 講和・独立と政治的対立の顕在化

　1948（昭和23）年10月，アメリカ国務省は対日占領政策の重点を「非軍事化」と「民主化」から経済復興へと「転換」していった。この背景には，中華人民共和国の成立（1949年）と東西ドイツ及び南北朝鮮の分裂に象徴される東西の「冷戦」構造が固定化しつつあるといった政治状況が影響していた。

　アメリカは日本を「反共の防壁」とし，経済復興を優先させることで自由主義陣営の一員としての役割を強く期待した。それを実現するためには，初期占領政策の柱であった「非軍事化」よりも経済復興を優先す

ることで早期に敗戦国から独立国家とする必要があった。

　1952（昭和27）年4月のサンフランシスコ講和条約の発効によって，日本の占領は解除され，正式に独立国としての地位を回復した。しかし，米ソを中心として展開する東西両陣営の「冷戦」はますます激しくなっていった。米ソ両国は，原子爆弾から水素爆弾，大陸間弾道ミサイル（ICBM）の軍拡競争を展開し，両者の競争はソ連の人工衛星スプートニクの打ち上げ（1957年），アメリカの宇宙船アポロ11号の月面着陸（1969年）へと進んでいった。

　対日占領政策の「転換」と「冷戦」構造の激化は，戦後教育改革を再検討する必要性と気運を醸成させていった。占領下の教育改革によって，アメリカ型の民主主義を基調とする戦後教育の骨格は形成されたが，これらの諸施策の中には，民主主義的な教育理念の模索よりも制度を整えることに比重が置かれたものも少なくなかった。

　そのため，改革の中身が必ずしも日本の文化や伝統とは合致しない部分が顕在化してきた。また，戦後の経済復興が急速に進む中で，劇的に変動する社会や産業構造の変化に教育が十分に対応することができず，現状のままでは十分な成果が期待できないものもあった。こうした状況の中で，戦後教育改革において実現した教育制度を見直し，これらを是正することは，講和・独立後の教育が直面した課題であった。

　1951（昭和26）年5月，占領解除後の政治，経済，社会のあり方を再検討する目的で政令改正諮問委員会（吉田首相の私的諮問機関）が設置された。政令改正諮問委員会は，同11月16日に「教育制度の改革に関する答申」を発表した。答申は占領教育改革に基づく民主的教育制度は，「国情を異にする外国の諸制度を範とし，徒（いたずら）に理想を追うに急で，わが国の実情に即さない」とした上で，具体的に中学校教育課程のコース制や文部省による標準教科書の作成，教育委員の公選制から任命制への

移行と文部大臣の権限強化，五年制専修大学（現在の高等専門学校）などの大綱を示した。また答申は，教育内容に関しては，従来の経験主義に基づく教育課程を改めて，系統主義的な教育課程への変化を要請した。

政令改正諮問委員会の答申を受け，文部省は1951年11月に「文部省の権限について考慮すべき事項」をまとめた。この中では，「教育内容に関する最低基準を定めること（法律で教育課程の最低基準を示し，地方教育行政機関に学習指導要領の作成，教科書検定などをこれによらしめる。最低基準としては，教科目，各教科の指導時数，目標，指導内容等を簡単に示す）。」と述べ，教育内容の最低基準を法的に定める方針を示した。

この答申に基づいて文部省は，1955（昭和30）年10月に改訂される高等学校の教育課程に関する全国都道府県指導部課長会議において，学習指導要領が教育課程の基準として法的拘束力を有するという見解を正式に表明した。

（2）政治的中立性と「教育二法」

政治においては，1955年に日本社会党の統一と保守合同による自由民主党の結成によって二大政党対立の時代となった。理念の上では自由主義（資本主義）と社会主義の対立であったが，政策の上では自由民主党（保守勢力）が憲法改正（改憲）と再軍備，さらには対米依存の下での安全保障を求め，日本社会党（革新勢力）が憲法擁護（護憲）と非武装中立を主張した。ただし，二大政党とは言っても日本社会党の議席数は，自由民主党の2分の1程度であった。そのため，「疑似二大政党」とも言われたが，それでも改憲を阻止できる議席を確保したために議席数以上の影響力は持っていた。保革対立を基本としながらも保守一党（自由民主党）優位の体制が維持されたのが「55年体制」であった。

政府・文部省主導による教育制度再編の動きについて、日本教職員組合（以下、日教組と略）はこれに激しく反対した。前述のように、この背景には米ソの冷戦構造の激化とともに、「55年体制」を背景とした保革対立があったが、1950年代以降に顕著となった両者の対立構図は、しばしば「文部省対日教組」という表現で説明された。

　1947年に結成された日教組は、教職員の組織する最大の教員団体となっていた。日教組は1952（昭和27）年6月の第9回定期大会で、「教師の倫理綱領」を制定して以降、階級闘争の立場からの政府・与党批判を強め、闘争重点主義（闘う日教組）を強く打ち出していった。また、同年8月には日本教職員政治連盟（通称は、日政連）が結成され、日教組と表裏の関係で政治活動を行い、日教組推薦の者を国会や地方議員として送り出していった。

（3）「偏向教育」と政治的中立性

　1953（昭和28）年6月、いわゆる「山口日記事件」が問題化した。これは、山口県教職員組合が自主教材として編集した『小学生日記』と『中学生日記』が政治的に偏向していると指摘されたものであり、「偏向教育」の代表的な事例として議論の対象となった。

　一般に「偏向教育」とは、教育の政治的中立性を侵害し、党派的な利益を代弁すること、あるいはそれを支持または反対させるための教育と定義される。「山口日記事件」を発端とした「偏向教育」の問題は、政治的中立性をめぐる論議として大きな争点となった。さらに1954（昭和29）年には、京都市立旭丘中学校で行われていた「偏向教育」に対する京都市教育委員会の是正勧告と3名の教員に対する転任勧告とその拒否をめぐる「旭丘中学校事件」[1]が世論の関心を集めた。

1）　この事件は、3教員に対する懲戒免職、教組と京都市教育委員会による分裂授業へと発展したが、1954年6月に全教員の入れ替えなどによって終結した。しかし、3教員の懲戒免職処分を求める裁判は、1968（昭和43）年まで継続し、最高裁で原告が敗訴した。

コラム 『小学生日記』欄外記事「再軍備と戸じまり」の記述

　『小学生日記』のうち，国会でも「偏向教育」の例とされたのは，例えば以下の記述である。

　「日本人の中には，『泥棒が家に入るのを防ぐためには，戸じまりをよくし錠前をかけねばならない』と言って，ソ連を泥棒にたとえて戸じまりは再軍備と同じだという人がいます。これは正しい話でしょうか。再軍備という錠前は，例年高いお金を出してますます大きくしますが，どうも泥棒はまだ来ないのです。錠前が大きくなったから泥棒がおそれて来ないというのかもしれません。ところがどうでしょう。表の錠前を大きくしてばかりいて，裏の戸をあけっぱなしにしているので立派な紳士がどろ靴で上がって，家の中の大事な品物を806個も取ってしまいました。それでも日本人は気がつきません。取られた品物は何かよく見ると，それが日本の軍事基地だったのです。一体，どちらが本当の泥棒か，わからなくなってしまいますね。」

　文部省は同年7月8日に全国の知事・教育委員会に対して「教育の政治的中立性維持について」を通達した。また，中央教育審議会は，1954（昭和29）年1月に「教員の政治的中立性について」を答申し，その内容は同年6月3日に公布された「教育公務員特例法の一部を改正する法律」「義務教育諸学校における教育の政治的中立の確保に関する臨時措置法」の二つの法律（いわゆる「教育二法」）の制定を促した。
　前者は，国家公務員に課せられている政治的行為の制限・禁止（国家公務員法第102条，人事院規則第14-7）の規定を教育公務員の政治的活

動に対しても適用させることを目的としたものである。また，後者は特定の政党などを支持させ，または反対させるための教育を教唆・煽動した者に懲役・罰金を課すことを規定したものである。これに対して日教組は，「教育二法」が，「教師の基本的人権を奪うのみならず，学校教育に警察権力の介入をさせるものである」として反対闘争を行った。

(4)「地教行法」の成立と「勤評」闘争

　1952（昭和27）年11月1日，すべての都道府県と市町村に教育委員会が設置されたことで，地方自治に立脚した地方教育行政制度は一応の完成を実現した。しかし，地方教育委員会の全面実施によって，設置単位や教育委員の選任方法，教育委員会の性格などをめぐる是正の議論はさらに活発となっていった。

　文部省での教育委員会制度改革の議論を踏まえ，国会において1956（昭和31）年6月に「教育委員会法」を廃止し，「地方教育行政の組織及び運営に関する法律」（以下，「地教行法」と略）が制定された。「地教行法」制定の趣旨は，「教育委員会法」の基本理念を踏襲しつつ，地方公共団体における教育行政と一般行政との調和を進めるとともに，教育の政治的中立性と教育行政の安定を確保することを目標とし，国・都道府県・市町村一体とした教育行政制度を樹立することであると説明された。「地教行法」の主な内容は，次のように整理できる[2]。

①都道府県及び市町村すべてに教育委員会を設置する。
②教育委員の選任方法については，直接公選制を改め，地方公共団体の長が議会の同意を得て任命する。
③都道府県の教育長は文部大臣の，市町村の教育長は都道府県教育委員会の承認を得て，それぞれ教育委員会が任命する。

2）　文部省『学制百年史』（帝国地方行政学会，1972年）

④教育委員会の予算・条例原案の送付権を廃止し，教育財産の取得・処分権，教育事務関係の契約権等は地方公共団体の長の権限とする。
⑤県費負担教職員の任命権は，市町村教育委員会の内申を踏まえて，都道府県教育委員会が行使する。
⑥文部大臣は都道府県及び市町村に対し，都道府県教育委員会は市町村に対し，それぞれ教育事務の適正な処理を図るため必要な指導，助言，援助を行う。また，文部大臣は，地方公共団体の長または教育委員会の教育事務の処理が違法または著しく不適切な場合には，必要な是正措置を要求できる。

　また，1956年から1960（昭和35）年にかけては，教員の勤務評定（勤評）をめぐって文部省と日教組が激しく対立し，法廷闘争にまで発展した。公立小学校・中学校・高等学校教員に対する勤務評定は，「地教行法」第46条において，県費負担教職員については，「都道府県教育委員会の計画の下に，市町村教育委員会が行うものとする」と規定されていた。しかし，愛媛県教育委員会の勤務評定を皮切りに反対運動が全国に広がった。
　勤務評定の目的は「政治的中立性の確保」であるとする文部省に対して，日教組はこれが，①教職員の組合活動を抑制し，教育への権力統制を強化すること，②教職員の職務の特性になじまない，などとして激しく反対した。1958（昭和33）年4月，東京都教職員組合が実施した組合員全員が一斉に休暇を取る「一斉十割休暇闘争」は，福岡，和歌山，高知，大阪でも行われ，同年9月15日には正午で授業を打ち切る「全国統一行動」を行った。
　「勤評」闘争は，総評などの労働組合などを巻き込むことで政治的な

写真 7-1　勤務評定反対闘争
（写真提供　朝日新聞社）

保革対立の争点へと発展するが，保守側はこれを政治的中立性の逸脱と批判し，革新側は権力支配と学校管理強化に対する「教育民主化闘争」と位置づけた。

「文部省対日教組」という図式で表現される激しい政治的対立は，1961（昭和36）年に文部省が実施した中学校の全国一斉学力調査（学テ）に対する学力調査裁判（学テ裁判）へと連続した。日教組は，学力調査が教育内容の国家統制，教育課程を押し付ける手段であると反対し，その実施に強く抵抗した。さらに日教組は，1962（昭和37）年の第24回定期大会において経済闘争に重点を置く戦術転換を行い，1966（昭和41）年から1971（昭和46）年までの間，人事院勧告の完全実施，給与の大幅引き上げ要求と，安全保障条約破棄，沖縄返還協定反対などの政治目的を結び付けて，7回にわたるストライキを実施した。これには，延べ約112万人の教職員が参加し，うち延べ約28万人の教職員が懲戒処分となった。

2.「新教育」批判と道徳教育の充実

(1) 学力低下問題と学習指導要領の改訂

　1950年代に入ると戦後の「新教育」におけるカリキュラム理論や実践を再検討する動きも出てきた。特に,「新教育」の基調となった経験主義的な教育が基礎学力の低下をもたらしたとする批判が次第に高まっていった。日本教育学会や国立教育研究所（現在の国立教育政策研究所）が行った調査研究において,児童生徒の「読・書・算」(3R'S)の能力が低下している実態が報告されると,いわゆる「基礎学力論争」が激しく展開され,「新教育」が議論の争点となっていった。

　「新教育」批判のポイントは,児童生徒の自発性に基づいて教育活動を組織することには限界があること,また児童生徒の生活経験に基づく生活単元には体系性が欠けている点に向けられた。なかでも,コア・カリキュラムに対しては,教科学習で習得すべき知識と児童生徒の経験との結合を不問にし,ただ経験させるだけの「はいまわる経験主義」に陥っていると批判された。

　1958（昭和33）年3月15日,教育課程審議会は「小学校,中学校の教育課程の改善について」を答申した。これに基づいて改訂された『昭和33年版学習指導要領』は,教育課程の国家基準として法的拘束力を有することを明確にするとともに,これまでの経験主義的な教育課程から教科や知識の系統性を重視する教育課程へと転換するものとなった。『昭和33年版学習指導要領』の主な改訂内容と特徴は次の通りである。

（1）学習指導要領は,官報への「告示」という公示形式がとられ,教育課程の国家基準として法的拘束力を有するようになった。すなわち,『昭和22年版学習指導要領　一般編（試案）』及び『昭和26年

版学習指導要領　一般編（試案）』のような「試案」ではなくなった。
（2）道徳教育を充実させるために，小中学校に「道徳の時間」を設置した。これにより，教育課程の領域は各教科，道徳，特別教育活動，学校行事の4つとなった。また，高等学校には「倫理・社会科」を新設した。
（3）基礎学力の充実を図るため，小学校の国語と算数の時間を増加した。
（4）科学技術教育向上の観点から，中学校の「職業・家庭科」を「技術・家庭科」に改めた。

このように，『昭和33年版学習指導要領』では，経験主義的な内容と方法が後退して，教科や知識の系統性が重視されるとともに，道徳教育の徹底が図られることになった。

（2）「道徳の時間」の設置をめぐる問題
　『昭和33年版学習指導要領』の改訂で特に大きな議論となったのは，「道徳の時間」の設置であった。教育課程審議会の1958年3月15日の答申は，今後も道徳教育を学校教育活動の全体を通じて行うという従来の方針は変更しないが，道徳教育の徹底強化を図るために，「新たに道徳教育のための時間を特設する」ことを提言した。
　答申を受けた文部省は，同年3月18日に「道徳の時間」設置の趣旨，目標，指導内容，指導方法，指導計画の作成等についての大綱を示した。文部省は当初，「道徳の時間」の教科としての設置を目指していたが，同年8月28日に「学校教育法施行規則」が一部改正され，「道徳の時間」は小学校・中学校の教育課程の中に教科ではなく，各教科，特別教育活動，学校行事と並ぶ教科外活動の領域として位置づけられた。

「道徳の時間」の設置については激しい批判論が展開された。特に日教組は，「道徳の時間」の設置に対して「文部省，教育委員会の教育課程改悪，道徳教育時間特設，独立教科に伴う研究会，講習会，総会に対しては，「勤評」闘争の戦術と結合せしめて全国統一行動を組織して戦う」[3]という方針を示して対決姿勢を鮮明にしていった。また，同年9月に各地で開催された道徳教育指導者講習会への妨害行動を繰り返した。「道徳の時間」の授業の実施率が上がらず，その後も授業の形骸化が指摘される背景には，「道徳の時間」設置をめぐる対立の歴史的状況と無関係ではない。

　例えば，教育課程審議会が1963（昭和38）年7月に出した答申「学校における道徳教育の充実方策について」では，「教師のうちには，一般社会における倫理的秩序の動揺に関連して価値観の相違がみられ，また道徳教育についての指導理念を明確に把握しない者がみられる。（中略）道徳の指導について熱意に乏しく自信と勇気を欠いている者も認められる。また，一部ではあるが，道徳の時間を設けていない学校すら残存している」ことが，「道徳教育の充実に大きな障害となっている」と指摘した。この記述には，当時の道徳教育の現状が示されていると同時に，「文部省対日教組」と言われる政治的対立の中で，道徳教育の具体的な内容をめぐる議論が十分に機能しなかった状況が表現されている。

　これまで述べてきたように，1945（昭和20）年8月の敗戦を起点とした戦後教育改革は，戦後日本教育の制度的な骨格を形成した。しかし，その過程で残された課題の多くは，特に1950年代の「文部省対日教組」と言われる政治的対立の中に解消されることで，冷静な議論の場が十分に形成されることはなかった。しかも，この時期に積み残された課題は，1960年代の高度経済成長に直面することで，新たな課題を生み出していくことになるのである。

3）　日本教職員組合『日教組20年史』（労働旬報社，1977年）

3. 教科書問題と学生運動

(1) 教科書検定制度と教科書問題

　1947（昭和22）年3月に制定された「学校教育法」第21条において，教科書は「監督庁」の検定を経たものを用いると規定され，教科書制度は検定制となった。翌1948（昭和23）年には「教科用図書検定規則」が定められ，1949（昭和24）年度から検定教科書が使用された。また，「学校教育法施行規則」では，「学校教育法」第21条中の「監督庁」を「文部省」と読み替えると規定していたが，後の改正によって「監督庁」は「文部大臣」と改められた。

　前述したように，1953（昭和28）年6月の「山口日記事件」以降，教科書の記述内容をめぐる「偏向教育」が大きな課題となっていた。特に，日本民主党（1955年に自由党と合併して自由民主党となる）の教科書問題特別委員会は，左翼的偏向教科書の調査と教科書検定制度のあり方について検討し，1955（昭和30）年に『うれうべき教科書の問題』と題する3冊のパンフレットをまとめた。ここでは，偏向教科書の例として，①教員組合をほめたたえるタイプ，②急進的な労働運動を煽るタイプ，③ソ連・中共を礼賛するタイプ，④マルクス・レーニン主義の平和教科書，に分類した上で，それぞれの内容を政治的中立性の観点から厳しく批判した。

　『うれうべき教科書の問題』の発刊を契機として，教科書検定制度の見直しが進められた。文部省は中央教育審議会の答申に基づき，1955年に「教科書法案」を国会に提出した。しかし，この法案は廃案となったため，文部省は専任の教科書調査官を配置するなどの行政措置によって教科書検定制度の整備・拡充を図った。こうした動きに対して，教科書の編著者や日教組は激しい反対運動を展開し，その対立は後の教科書裁

判へと発展した。

（2）「60年安保」と学生運動

大学では1948年初頭の授業料値上げ反対運動を契機として、学生自治会の動きが活発になっていった。同年9月には全国的組織として全日本学生自治会総連合（以下、全学連と略）が結成された。1950年以降、学生自治会の非合法的活動が活発となり、1952（昭和27）年秋には学内で

> **コラム**　　　　　「60年安保」の背景
>
> 「60年安保」が空前の高まりを見せた背景とは何であったのか。読売新聞昭和時代プロジェクト『昭和時代―三十年代―』（中央公論新社、2012年）は次のように記述している。
> 　「デモ参加者の多くは戦争を知る世代だった。ブント幹部だった古賀康正は、『もう一度戦争になるかもしれない。それは絶対に阻止しなくてはならないという切迫感があった』と語った。終戦を境に世も人も、価値観も一変した衝撃の重みも強調した。『「鬼畜米英」を言っていた大人が、一夜で「アメリカは正しい」なんて言い出す。今は仮の社会であり、いつでもひっくり返るという意識がどこかにあるから「共産革命」だって現実味があった。後の世代にはわからない感覚だと思う』。敗戦から一五年。独立から八年。岸（信介―筆者註）は、対米協調の立場から安保改定を推進したが、同時に真の『独立の完成』を目指していた。米国の傘に頼らず『中立化』を主張した社会党も国民の支持を集めていた。安保騒動の背景には、こうした日本のナショナリズムの高まりもあった」

の学園民主化闘争と学外での過激な街頭闘争を展開していった。

特に，学生運動が激しくなったのは，1955年末の国立大学授業料の値上げ反対運動からである。日米安保条約改定が大きな政治課題となるに及んで，街頭での過激行動は激しさを増し，1960（昭和35）年にはついに国会を取り囲む空前の規模で展開された。いわゆる「60年安保」は全学連がリードし，共産党とは距離を置く学生らが結成したブント（共産主義同盟）が中核となった。「安保をつぶすか，ブントがつぶれるか」「トラは死んで皮を残す。ブントは死んで名を残す」というストレートなスローガンは，当時まだ戦争の記憶が生々しかった大衆に広く浸透していった。

同年6月15日午後，約7,000名の全学連の学生が国会に突入した。翌日の新聞は，この時の情景を「警官めがけてレンガや牛乳ビンまで投げつける学生たち。その学生たちになさけ容赦なく力一ぱい警棒をふりおろす警官隊」（『読売新聞』）と伝えている。警官，デモ隊合わせて1,000人以上が重軽傷を負ったが，大混乱の中で東京大学学生の樺美智子さんが命を落とした。

4．経済復興する社会と「アメリカニゼーション」

1950（昭和25）年の朝鮮戦争により，日本にも「朝鮮特需」がもたらされ，1955年からは朝鮮復興資材の輸出などによって「神武景気」と呼ばれる好景気の時期を迎えた。1956（昭和31）年7月に刊行された『経済白書』が宣言した「もはや戦後ではない」という言葉は，日本経済の構造変革を象徴するものとなった。

一般にこの言葉は，戦後復興期から高度経済成長期へと移りつつあった日本経済の発展ぶりを象徴するものとして理解されがちである。しか

し，この言葉の意味は，この時点の経済成長が，戦前の1935年前後の水準へ復帰したことを表現すると同時に，「経済の回復による浮揚力はほぼ使い尽くされた」として，欧米先進国を目標とする経済社会構造の「近代化」を求めたものであった。つまり，「もはや戦後ではない」という言葉は，「苦痛」を伴う構造変革に向けた日本人の覚悟を促す文脈の中で用いられていたのであり，1960年代の高度経済成長へのスタートを意味していた[4]。

　経済復興が進むにつれて，高等学校，大学の進学率はともに上昇し，石原慎太郎の小説『太陽の季節』（1956年）に由来する解放的な若者文化を表現した「太陽族」が流行した。また，高度経済成長期に開花する「アメリカニゼーション」の先駆けとして，アメリカ的生活様式が徐々に日本の国民生活にも浸透し始めていった。

　学校給食によって育った世代を中心としてパン食，ミルク・チーズなどの嗜好が拡大するとともに，巨大な冷蔵庫，洗濯機，テレビのいわゆる「三種の神器」を揃えることが国民の願望となっていった。1958年には東京タワーが完成し，国民は1959（昭和34）年4月の皇太子・皇太子妃の「世紀のご成婚パレード」の中継を見るために競って白黒テレビを購入し，受信契約数は200万を突破した。1960年から1965年までの間に，白黒テレビの普及率は44.7％から90％に，冷蔵庫は10％から51.4％へと上昇し，洗濯機も40.6％から68.5％へと飛躍的な伸びとなった。

　また，玄関・客間・床の間といった日本家屋が敬遠される一方で，ソファーのあるリビングが庶民の夢となった。ロング・スカート（1948年），アロハシャツ・ブーム（1949年）をはじめ，「衣・食・住」のあらゆる分野に「アメリカニゼーション」の波が押し寄せ始め，「アメリカのものなら，なんでも美しいという考え方が，日本列島を吹き抜けていた」[5]。しかし，経済復興が進み「アメリカニゼーション」が浸透して

4） 安田常雄編集『変わる社会，変わる人々——20世紀のなかの戦後日本』（岩波書店，2012年）
5） 中村政則ほか編『戦後思想と社会意識』（岩波書店，1995年）

いく中で，戦争の記憶は急速に色褪せ，戦前との断絶と「非連続性」が顕著となっていった。

参考文献

文部省編『学制百年史（記述編）』（帝国地方行政学会，1972年）
教育証言の会編『昭和教育の証言』（山脈出版の会，1976年）
『戦後教育の総合評価』刊行委員会編『戦後教育の総合評価―戦後教育改革の実像―』（国書刊行会，1999年）
藤田祐介・貝塚茂樹『教育における「政治的中立」の誕生―「教育二法」成立過程の研究―』（ミネルヴァ書房，2011年）
山田恵吾編『日本の教育文化史を学ぶ―時代・生活・学校―』（ミネルヴァ書房，2014年）
山田恵吾，藤田祐介，貝塚茂樹『学校教育とカリキュラム（第三版）』（文化書房博文社，2015年）

学習課題

（1）1950年代以降の「文部省対日教組」と言われる政治的対立について，「教育二法」，「勤評」闘争，「学テ」裁判などをキーワードとして説明できるようにしよう。
（2）「新教育」批判と『昭和33年版学習指導要領』の関係について説明できるようにしよう。
（3）「60年安保」闘争と学生運動の歴史について説明できるようにしよう。

8 | 国民意識の変化と教師像

《目標&ポイント》 1960年代以降の高度経済成長を背景とする国民意識の変化と学校・教師像の変遷を辿りながら，その意味について考察する。具体的には，高度経済成長を基盤とする1960年代以降の進学率の上昇の動向とともに，政治的対立を背景とした教師論の模索の過程を歴史的な観点から検討する。
《キーワード》 高度経済成長，「集団就職」，「教師の倫理綱領」，「教師聖職者論」，「教師労働者論」，「デモシカ教師」，「教師専門職論」

1. 高度経済成長と教育拡大

(1) 高度経済成長と国民の意識変化

　1960年代以降の教育に大きな影響を与えたのは急速な経済成長であった。戦後の日本社会は，1950年代の半ばから高度経済成長の時代へと進んでいった。一般に高度経済成長期とは，1950年代の半ばから1970年代初頭にかけて戦後の日本経済が飛躍的に成長を遂げた時期を指す。この時期には，第一次産業から第二次産業・第三次産業への構造転換が加速的に進展し，日本の国民の多くが「物質的な豊かさ」を享受した。

　1956（昭和31）年の『経済白書』では「もはや戦後ではない」と記述され，1960（昭和35）年に成立した池田勇人内閣は，向こう10年間で国民所得を倍増させるという「所得倍増計画」を政策課題として掲げた。ところが，実際の高度経済成長の変化はこの計画のスピードを大きく上

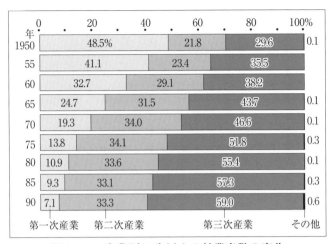

図8-1　産業別15歳以上の就業者数の変化
（出典：総務省統計局『国勢調査報告』）

回り，1955（昭和30）年から1960年までの実質平均成長率は，8.7％，1960年から1965（昭和40）年では9.7％，1970（昭和45）年までの5年間には11.6％まで伸張し，1969（昭和44）年には日本の国民総生産（GNP）はアメリカに次いで世界第2位となった。

この間，多くの青年が首都圏，中京圏，近畿圏の三大都市圏の大学に進学し，大部分がそこで就職した。例えば，1955年から70年までの15年間に，三大都市圏では約1,500万人もの人口が増加し，日本の総人口の4分の3が都市部に居住するという状況となった。

国民の所得水準も向上し，1955年を100とすると，1970年の名目賃金は412.5，消費者物価指数は194.3，実質賃金も212.3と激増した[1]。所得水準の向上を反映して，1960年代を通じて，自家用車（Car），クーラー（Cooler），カラーテレビ（Color television）のいわゆる「3C」（「新三種の神器」とも言われた）が一般家庭にも普及していった。

---

1) 正村公宏『図説戦後史』（筑摩書房，1988年）

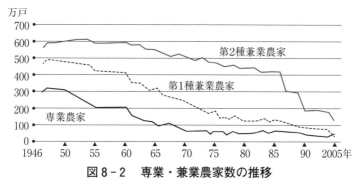

図8-2 専業・兼業農家数の推移

（出典：三和良一，原　朗編『近現代日本経済史要覧』東京大学出版会，2010年）

　高度経済成長による産業構造の変化は，都市化を加速させる一方で，農山村地域での空洞化を招いていった。1950年には全就業者に占める農業従事者は約48％であったが，1970年には約20％まで落ち込み，農業の兼業化が急速に進んでいった。これによって，農業の主たる従事者が，「かあちゃん・じいちゃん・ばあちゃん」となったことから「三ちゃん農業」などとも言われた。

　これに対して都市部での労働力不足は深刻となり，特に大都市圏での労働需要を補うために，地方の農山村の中卒者（特に農家の二男，三男）は，東京・大阪・名古屋などの大都市圏に「集団就職」という形で就職していった。「集団就職」で大都市圏へと向かう青少年は「金の卵」と称され，高度経済成長を支える貴重な労働力として歓迎された。

　1954（昭和29）年に開始された集団就職列車は，国鉄（現在のJR）が用意した臨時列車であり，途中駅には止まらずに目的の大都市に直行した。1964（昭和39）年に発売された歌謡曲『あゝ上野駅』は，主に東北地方から親元を離れて上京した「集団就職」の情景を伝えている。

写真 8-1　集団就職列車のホーム風景
(写真提供　共同通信社／ユニフォトプレス)

『あゝ上野駅』(作詞：関口義明，作曲：荒井英一，歌：井沢八郎)
一　どこかに故郷の　香りをのせて
　　入る列車の　なつかしさ
　　上野は俺らの　心の駅だ
　　くじけちゃならない　人生が
　　あの日ここから　始まった
　　　　＜セリフ＞
　　　「父ちゃん　僕がいなくなったんで
　　　　母ちゃんの畑仕事も大変だろうな
　　　　今度の休みには必ず帰るから
　　　　そのときは父ちゃんの肩も　母ちゃんの肩も
　　　　もういやだって　いうまでたたいてやるぞ
　　　　それまで元気で待っていてくれよな」
二　就職列車に　ゆられて着いた　　三　ホームの時計を　見つめていたら
　　遠いあの夜を　思い出す　　　　　　母の笑顔に　なってきた
　　上野は俺らの　心の駅だ　　　　　　上野は俺らの　心の駅だ
　　配達帰りの　自転車を　　　　　　　お店の仕事は　辛いけど
　　とめて聞いてる　国なまり　　　　　胸にゃでっかい　夢がある

地方からの中卒者が「金の卵」と呼ばれたのは，都市部での学歴志向が強まり，就職者が得られなかったためである。そのため，東北や九州などの地方に求人募集の的を絞り，中卒者の求人倍率は，1952（昭和27）年に1倍を超えて，「団塊の世代」が中学校を卒業した1963（昭和38）年から1965（昭和40）年には，男女ともに3倍を超えた。

『あゝ上野駅』では，遠く離れた故郷への哀愁とともに，将来の夢と希望とを織り交ぜて歌い上げられたが，その現実は厳しい場合も少なくなかった。「集団就職」で大都市に就職した青少年には，家庭の経済的理由で全日制高校進学が困難となった者も多く含まれていた。そのため，彼らの中には，働きながら定時制高等学校・通信制高等学校に進学した者や，大学の夜間学部・通信教育部に進学する者もいた。しかし，与えられた仕事はあくまでも単純労働であったために給与も低く，仕事と学業の両立が難しいことから，高等学校・大学ばかりでなく仕事も辞めて故郷へ戻る者も少なくはなかった。

（2）「滅私奉公」から「滅公奉私」の時代へ

高度経済成長は，1973（昭和48）年まで継続するが，これは国民の意識にも変化をもたらした。1970（昭和45）年に刊行された『図説　戦後世論史』は，この変化を「社会より個人を重視し，現在を楽しみ，核家族化を志向し，私生活安定を支える基盤として高学歴化を目指す意識の傾向が含まれる。これらはいずれも戦後変化してきた傾向であり，しかもその変化はほぼ〈私生活優先〉の考え方を拡大・〝強化〟するものであったと考えられる」[2]と記述している。

また，日高六郎は，こうした日本人の意識の質的な変化は，イデオロギー上の論争よりもさらに深いところで生じており，「高度経済成長がつくりだした現在の生活様式を維持拡大したいということが，ほとんど

2）　NHK放送世論調査所編『図説　戦後世論史』（日本放送出版協会，1970年）

の日本人の願望となった」と述べた。日高はこれを総力戦体制下のスローガンであった「滅私奉公」から「滅公奉私」への変化と評することで，高度経済成長による国民の意識変化を表現した[3]。

　こうした変化は，大衆文化にも及んでいった。1960年代前半の映画や漫画では，エゴイズムの克服と連帯の形成がテーマにされることが多かった。しかし，1960年代後半になると，都会の青年の孤独な心象風景が多く取り上げられるようになった。例えば，1964（昭和39）年に連載が開始された石ノ森章太郎の漫画『サイボーグ009』（少年画報社）では，当初は9人のサイボーグ戦士達の「チームワーク」が強調されていた。しかし，その内容は徐々に変質して「チームワーク」の欠如が問題とされるようになっていった。小熊英二は，1967（昭和42）年の漫画『サイボーグ009』（秋田書店）での次のような会話が，その変化を象徴的に描写していると指摘している[4]。

> 「幽霊島から逃げ出したころのあたしたちはよかったわ。ほんとうにチームワークが取れていた……。それなのにいまはどう？　みんなばらばらじゃない……」
> 「……いったいなぜだろう？　何が原因かな？」
> 「みんなしあわせになったからだよ」
> 「え？しあわせに……？」
> 「……みんな自分の生活を手に入れてしまったからだ」

　また，高度経済成長は，国民の経済的な「豊かさ」をもたらす一方で，日本各地に公害被害を及ぼすという負の側面を招来した。一般にこれは「豊かさの中の貧困」と指摘された。「豊かさ」を手に入れた国民は，日常の「私益」に多くの関心を注ぐようになり，その反面では，社会から「公共性」が失われていったことが問題視された。

3）　日高六郎『戦後教育を考える』（岩波新書，1980年）
4）　小熊英二『＜民主＞と＜愛国＞──戦後日本のナショナリズムと公共性』（新曜社，2002年）

2. 高度経済成長と進学率の上昇

　戦後教育改革によって，戦後日本の学校制度は単線型学校制度となり，大学進学するまでの制度上の障壁は取り除かれた。また，1960年代以降の高度経済成長は，急速な経済的再建を実現し，国民の所得水準を急速に押し上げていった。高等学校への進学率は上昇し，高等教育進学者の増大と日本の伝統的な学歴尊重の傾向とが重なり合うことで，国民の高等教育への進学は加速度的に高まりを見せていった。特に，科学技術の急速な進歩や社会の情報化の進展によって，理工系学科を中心とする高等教育卒業者に対する幅広い産業社会の要請を生み出していった。

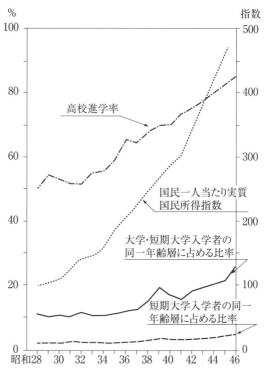

図8-3　高校進学率，大学・短期大学入学者の同一年齢層に占める比率と実質国民所得との関係

（注）大学・短期大学入学者の同一年齢層に占める比率 ＝ 大学・短期大学入学者数 / 3年前の中学卒業者数

（出典：文部省編『学制百年史（記述編）』帝国地方行政学会，1972年）

表8-1　高等教育機関在学者数の推移

年　度	大　学	大　学　院	短　期　大　学
昭和28（1953）	441,113（人）	5,814（人）	64,197（人）
30（1955）	513,181	10,174	77,885
35（1960）	610,687	15,734	83,457
40（1965）	909,102	28,454	147,563
45（1970）	1,365,564	40,957	263,219
46（1971）	1,426,901	41,637	275,256

表8-2　女子学生の占める比率

年　度	大　学	大　学　院	短　期　大　学
昭和28（1953）	11.4（％）	4.2（％）	48.9（％）
30（1955）	12.6	5.8	54.0
35（1960）	13.9	7.1	67.5
40（1965）	16.5	7.7	74.8
45（1970）	18.2	8.7	82.7
46（1971）	18.6	9.0	83.1

（出典：文部省編『学制百年史（記述編）』帝国地方行政学会，1972年）

　国民の高等教育に対する要請に呼応して，高等教育機関は拡充・発展し，高等学校及び大学の進学率も急激に上昇していった。

　高等学校の進学率は1950（昭和25）年が42.5％であったが，1955（昭和30）年に51.5％，1965（昭和40）年には70.7％となり，1974（昭和49）年には初めて90％を超えた。

　また，1955年には10.1％であった大学・短大の進学率は，1975（昭和50）年には38.4％となり，20年間で約4倍の伸びとなった。1971（昭和46）年度における大学及び短期大学の入学者の同一年齢層に占める比率は，26.8％に達した。

　これを学校数について見ると，1953（昭和28）年度において大学226

校，短期大学228校であったが，1971（昭和46）年度には，大学389校，短期大学468校となった。そのうちの大部分は私立学校であった。

　また，学生数で1953年度と1971年度を比較すると，大学の学部学生数は，約44万人から約143万人と約3.2倍に増加し，短期大学の学生数も，約6万4,000人から約27万5,000人と約4.3倍となり，大学院生も約5,800人が約4万2,000人と約7.2倍へと増加した。高度経済成長による経済的な「豊かさ」を基盤として，戦後社会は世界にもまれにみる「教育爆発の時代」を迎えたのである。

　なかでも，女子学生の増加は著しく，大学では11.4％から18.6％，短期大学では，48.9％が83.1％へと増加した。女子大学生の増加は，「女子学生亡国論」といった社会的大論争を巻き起こし，女子学生による教室独占が大学を亡ぼすといった極論まで現れた。女子学生の増加は，戦後の高等教育機関の拡充とともに，急激な社会変化を象徴するものであった。

3．戦後における教師像の変遷

(1)「教師聖職者論」と「教師労働者論」

　日本教職員組合（以下，日教組と略）が1952（昭和27）年に制定した10カ条の「教師の倫理綱領」には，「教師は労働者である」「教師は生活権を守る」「教師は団結する」という項目が掲げられていた。教師は学校を職場として働く労働者であり，他の労働者と同じように衣食住の安定を図る必要があるとする主張は，「教師労働者論」と称された。

　「教師労働者論」は，教師とは「天職」であり「聖職」であるという，近代教育において師範学校を中心に形成されてきた「教師聖職者論」の主張とは対立するものであった。「教師労働者論」が登場することで，

果たして教師の本質は「聖職者」なのか，それとも「労働者」なのかという教師像をめぐる議論が改めて展開された。

その背景には，日教組の「教師の倫理綱領」が，「教師は教育の自由の侵害を許さない」「教師は親たちとともに社会の頽廃と戦い，新しい文化をつくる」ことを掲げるとともに，「教師は平和を守る」「教師は正しい政治を求める」ことを主張したことも要因となっている。日教組が「勤評」闘争，「特設道徳」反対，全国一斉学力調査（学テ）反対として教育政策への対決姿勢を強めていく中で，「教師労働者論」は，教育政策への「抵抗者」という意味として理解されていった。「文部省対日教組」という政治的な対立が鮮明となっていた状況では，戦後の教師はどうあるべきかという課題を冷静に議論する場が形成される余裕は失われていたと言える。

（2）「デモシカ教師」と「サラリーマン教師」

教師像をめぐる対立は，1969（昭和44）年の「超過勤務手当請求訴訟」において，東京高等裁判所が教師も労働基準法に規定する意味での労働者であり超過勤務の対象者になるという判断を下したことで，制度的な意味では徐々に落ち着いていった。しかし，日教組によるストライキなどの手法に対しては，教師が政治的な問題に深く関与すべきではなく，世俗的な利害によって左右されるべきではない，という観点から「教師聖職者論」を支持する議論も根強かった。

その一方で，1950年代から1970年代までの教員不足は深刻となっていた。とりわけ，教員の給与待遇が民間企業に比べて低く抑えられていたことが，教師を積極的に志望する者の減少へと拍車をかけていった。そのため，「教師にでも」なるか，あるいは「教師にしか」なれないという，いわゆる「デモシカ教師」と称される教師の出現が問題視された。また，

教師としての使命感に乏しく，生活の中心を仕事よりも私生活に置く教師も増加し，教師としての熱意に欠け，勤務時間だけを消化するいわゆる「サラリーマン教師」の存在が，多くの批判を受けるようにもなった。

　こうした教師群の出現は，教師が将来を担う子どもを教育する特別の使命を持った仕事であるという「教師聖職者論」を根底から揺り動かすこととなった。それは，教職を通して自己の人間性や人間としての生き方を実現していくという考え方を後退させると同時に，教師の権威を低下させる要因ともなった。

(3)「教師専門職論」の登場

　「教師聖職者論」と「教師労働者論」の対立を超え，新たな教師像を提示したのが「教師専門職論」である。これは「デモシカ教師」や「サラリーマン教師」のあり方を否定するものでもあった。

　「教師専門職論」の議論に大きな役割を果たしたのが，1966（昭和41）年にＩＬＯ（国際労働機関）とユネスコ（国際連合教育科学文化機関）が共同発表した「教師の地位に関する勧告」であった。この勧告は，「教師は，専門職と認められる」とした上で，専門職としての教師の役割を明確にし，教師の社会的地位の向上と処遇改善を求めたものであった。この勧告を契機として，「教師専門職論」の議論が進められるが，専門職としての教師の基本的な特徴は次のようにまとめられる[5]。

①教職は高度に複雑な知的技術を中核とする人間関係の仕事であり，就職前後を一貫した長期の知的な専門教育を必要とする。
②個人としても職能集団としても，彼ら自身の最上の判断と技術を自由に行使する広範な自律性を持つ。
③その自律性の範囲においてなした判断や行為については，広範な責

---

5)　真野宮雄，市川昭午編『教育学講座18　教師・親・子ども』（学習研究社，1979年）

任を負う。
④奉仕の精神で営まれる公共的な仕事であり，高度の職業倫理を必要とし，自ら律する職能団体を持つ。
⑤以上のことの総合的な結果として，高い社会的評価を受ける。

　ここで言う自律性とは，教師及び教師集団の恣意的な活動や判断に基づくものではなく，社会的に是認されたものであり，教師には教育内容・方法に関する高い専門性が必要であるということである。しかも教師は，児童生徒を相手としているために，その行使した結果についての広範な責任が他の専門職以上に強く求められるというのが，「教師専門職論」の本来的な意味であった。
　戦後の教師論の対立と混迷は，「教師専門職論」に収斂し，終止符を打たれるかに思われた。しかし，陣内靖彦は日本における「教師専門職論」の受け止め方は「安易」かつ「短絡的」であったと指摘し，議論の問題点を次のように述べた[6]。

　「安易」とは，昨日まで聖職であったものが，今日は労働者になり，そして明日は専門職であるような，まるで変身ロボットか妖怪の変化（へんげ）を夢想する幼稚な楽観論を指し，「短絡」とは，専門職とは何かが十分議論されないまま，一方では教師の社会的地位の上昇と待遇の改善を求める単なるスローガンとなってしまったり，他方では，専門職＝専門的職業＝専門家（プロフェッション＝エキスパート，スペシャリスト）ととらえて，教師の仕事をある種の専門に閉じ込めて，教育の官僚制的支配のための＜理論的＞根拠に矮小化されてしまったことを指している。（中略）留意されるべきは，専門職論は（労働者論，聖職論についても同様に言えることだが）教師の一側面を映し出す一

6）　陣内靖彦『日本の教員社会――歴史社会学の視野』（東洋館出版社，1988年）

つの視点であって，決してその中に教師が溶かし込まれる鋳型ではないということである。

　教師という職業には，世間に映る人物論として論じられる傾向があるが，それが専門職であるかどうかを決定するものは，教師の仕事自体の内容，性格，本質の独自性であるというのが陣内の指摘である。
　戦後の理想の教師像をめぐる議論は，職業行為としての教育と人物論としての教師とが必ずしも区別されずに論じられることを特徴としていた。このことが，これまで教師論をめぐる議論が十分に嚙み合うことがなく推移し，その中身も生産的ではなかったことの要因ともなっていた。ただし，その後の教師像をめぐる議論の展開は，「教師専門職論」をより深める方向へと進んでいくことになる。

参考文献

石戸谷哲夫『日本教員史研究』（講談社，1967年）
文部省編『学制百年史（記述編）』（帝国地方行政学会，1972年）
向山浩子『教職の専門性―教員養成改革論の再検討―』（明治図書，1987年）
貝塚茂樹『戦後教育は変われるのか―「思考停止」からの脱却をめざして―』（学術出版会，2008年）
森川輝紀・小玉重夫編『教育史入門』（放送大学教育振興会，2012年）
読売新聞昭和時代プロジェクト『昭和時代―三十年代―』（中央公論新社，2012年）
山田恵吾編『日本の教育文化史を学ぶ―時代・生活・学校―』（ミネルヴァ書房，2014年）
山田恵吾，藤田祐介，貝塚茂樹『学校教育とカリキュラム（第三版）』（文化書房博文社，2015年）

学習課題

（1）高度経済成長期以後の国民意識の変化について説明できるようにしよう。
（2）戦後社会における教師像の変遷と課題について説明できるようにしよう。
（3）教師像の歴史的な変遷を踏まえて，あなたにとっての理想の教師像について考えてみよう。

9 | 高度経済成長と人間像の模索

《目標＆ポイント》 進学率の上昇による教育の量的拡大に対する教育行政の対応について,「期待される人間像」(1966年)と「四六答申」(1971年)を中心に検討する。また, 1960年代以降の教育課程改革における「教育内容の現代化」の意味とともに, 家永教科書裁判の争点とその歴史的変遷について検討する。
《キーワード》 後期中等教育,「期待される人間像」,「能力主義」,「教育内容の現代化」,「四六答申」,「学問中心カリキュラム」,「第三の教育改革」, 家永教科書裁判

1. 後期中等教育の拡充と「期待される人間像」

(1) 中央教育審議会答申「後期中等教育の拡充整備について」

1955(昭和30)年に実現した「55年体制」によって保革対立の構図は鮮明となったが,実質的には保守政権の安定化が決定づけられた。また,「60年安保」闘争を経ることで,その後の高度経済成長のための政治的基盤も形成され, 高度経済成長を実現するための人材育成への期待が高まっていった。特に, 長期的な重要政策は中等教育の完成であり, 短期的には科学技術者及び技能者の養成が課題とされた。

文部省は, 1962(昭和37)年11月に教育白書『日本の成長と教育——教育の展開と経済の発達——』を刊行した。ここでは, 教育投資の観点から経済政策の予測に対応した労働力供給を確保することを「人的能力施策」の基本とした上で, 後期中等教育の量的確保と質的向上を求めた。

1963（昭和38）年6月24日，荒木萬壽夫文部大臣は，中央教育審議会（会長は森戸辰男）に対して「後期中等教育の拡充整備について」を諮問した。諮問の理由は，「青少年は，心身共に重要な成長期にあり，個人的にみても，社会的にみても，この時期においてそれぞれの適性に従って能力を展開し，将来にわたる進路を選択決定する必要がある。このような青少年の能力をあまねく開発して国家社会の人材需要に応え，国民の資質と能力の向上を図るために適切な教育を行うことは，当面の切実な課題となっている」としている。

　諮問を受けた中央教育審議会では，後期中等教育のあり方（第20特別委員会）と「期待される人間像」（第19特別委員会）の2つについて検討を進め，1966（昭和41）年6月に「後期中等教育の拡充整備について」を答申した。

　答申は，学校中心の教育観にとらわれた学歴偏重と技術的な職業の教育訓練を軽視する傾向を改めるとともに，「上級学校への進学を目指す教育を重視するあまり，個人の適性・能力の自由な発現を妨げて教育の画一化を招くことは，民主主義の理念に反するばかりでなく，個人にとっても大きな不幸であることを深く反省しなければならない」と指摘した。

　その上で答申は，①義務教育終了後3ケ年にわたって，学校教育，社会教育その他の教育訓練を通じて，組織的な教育の機会を提供すること，②教育の内容及び形態は，各個人の適性・能力・進路・環境に適合するとともに，社会的要請を考慮して多様なものとすること，③すべての教育訓練を通じて人間形成上必要な普通教育を尊重し，個人，家庭人，社会人及び国民としての深い自覚と社会的知性を養うこと，などを提言した。

　この答申は，科学技術の発展や高度経済成長を背景とする職種が専門

分化した状況や国家・社会の人材需要に応えるための後期中等教育の改革を求めたもので，特に生徒の適性や能力，そして進路に対応するための高等学校教育の多様化の必要性を強調した。

(2)「期待される人間像」の提言

中央教育審議会答申「後期中等教育の拡充整備について」には，別記として「期待される人間像」が付され，後期中等教育を拡充・整備するための理念を実現する今後の国家社会が目指すべき人間像が示された。「期待される人間像」を審議した第19特別委員会（主査は高坂正顕(こうざかまさあき)）は，①技術革新が急速に進展する社会において，いかにして人間の主体性を確立するか，②国際的な緊張と日本の特殊な立場から考えて，日本人としていかに対処するか，③日本の民主主義の現状とそのあり方から考えて，今後いかなる努力が必要か，の観点から審議を進めた。

「期待される人間像」の第一部「当面する日本人の課題」は，「今後の国家社会における人間像はいかにあるべきか」という課題に応えるために，①現代社会が技術革新の時代であり，それは人間性を歪める危険を

写真9-1　高坂正顕
（写真提供　朝日新聞社）

内包する。そのため，今後の日本人は人間性の向上と人間能力の開発が要請されること，②今日の世界は文化的にも政治的にも一種の危機状態にある。そこでは日本の使命を自覚し，世界に開かれた日本人であることが要請されること，③日本の民主主義の概念には混乱があり，十分に日本の精神風土に定着していない。民主主義を確立するためには，一個の確立した人間としての自我を自覚し，社会的知性を開発し，少数意見を尊重する姿勢が求められること，の３点を前提とした考察が必要であるとした。

第二部「日本人に特に期待されるもの」の第一章「個人として」では，①自由であること，②個性を伸ばすこと，③自己を大切にすること，④強い意志を持つこと，⑤畏敬の念を持つこと，の５点が示された。第二章「家庭人として」では，①家庭を愛の場とすること，②家庭を憩いの場とすること，③家庭を教育の場とすること，④開かれた家庭とすること，のそれぞれについて具体的に述べている。

また，第三章「社会人として」では，①仕事に打ち込むこと，②社会福祉に寄与すること，③創造的であること，④社会規範を重んずることが大切であるとされ，第四章「国民として」では，①正しい愛国心を持つこと，②象徴に畏敬の念を持つこと，③すぐれた国民性を伸ばすことが掲げられた。

特にここでは，国家を「世界において最も有機的であり，強力な集団である」と位置づけ，「国家を正しく愛することが国家に対する忠誠である。正しい愛国心は人類愛に通ずる」と述べた。また，天皇については，「天皇への敬愛の念をつきつめていけば，それは日本国への敬愛の念に通ずる。けだし日本国の象徴たる天皇を敬愛することは，その実体たる日本国を敬愛することに通じる」と明記した。

(3)「期待される人間像」と学習指導要領

　「期待される人間像」が示した「正しい愛国心は人類愛に通ずる」という理解は，1953（昭和28）年に天野貞祐が公刊した「国民実践要領」において，「真の愛国心は人類愛と一致する」と述べたことと連続している。それは「国民実践要領」が，高坂正顕，鈴木成高，高山岩男，西谷啓治によって執筆され，天野によってまとめられたものであったためでもある。また，中央教育審議会の第19特別委員会には天野も委員として加わっており，両者の類似性は自然であった。

　「期待される人間像」をめぐっては，天皇や愛国心，さらには「宗教的情操」に関わる内容を中心に様々な論議が展開された。これらの内容は，戦後教育改革期の議論から連続する大きな課題であった。しかし，1950年代以降の「文部省対日教組」という対立構図が継続する中で，実質的な検討は進められていなかった。そのため「期待される人間像」については，その具体的な内容をめぐる議論が深められることなく，否定的な評価が先行していった。

　しかし，その一方で，道徳の学習指導要領の内容には，「期待される人間像」の理解が反映されていった部分も少なくない。例えば，『昭和53年版中学校学習指導要領』では，「自然を愛し，美しいものにあこがれ，人間の力を超えたものを感じとることのできる心情を養うこと」が明示され，その目標には，「人間尊重の精神」と「生命に対する畏敬の念」が加えられた。

　さらに，『平成元年版中学校学習指導要領』では，「平和的な国際社会に貢献できる主体性のある日本人」の育成が目標に追加され，その内容には，「日本人としての自覚をもって国を愛し，国家の発展に尽くすとともに，優れた伝統の継承と新しい文化の創造に役立つように努める」と明記された。これらの記述は，それ以後の学習指導要領においても基

本的に継承されている。

2.「能力主義」の教育政策と「教育内容の現代化」

(1)「能力主義」の重視

　高度経済成長を背景として，教育政策の基軸は経済成長を支える人材の育成に置かれた。1963（昭和38）年に内閣に設置された経済審議会人的能力部会は，「経済発展における人的能力開発の課題と対策」を答申し，学校や社会における「能力主義」の徹底を提起した。

　答申は急激な技術革新の時代にふさわしい人材の確保を課題とし，国民一般の基礎的能力の向上とともに，「経済に関連する各方面で主導的な役割を果たし，経済発展をリードする人的能力」，すなわち「ハイタレント・マンパワー」の養成が重要な意義を持つと指摘した。答申が科学・技術教育の振興，学校体系の多様化，産業界と大学との関係強化（産学協同）を求めたことは，経済成長を支える人材の育成についての経済界からの強い要求が影響していた。

(2)「教育内容の現代化」の背景

　高度経済成長と，科学技術の進展に資する人材の育成を目指した教育政策が結びつくことで，学校の教育内容は理数系科目を中心に「教育内容の現代化」が図られていった。一般に「教育内容の現代化」とは，1960年代に盛り上がりをみせた初等・中等教育における理数系教科内容の改革を意味するが，これはアメリカでの教育動向とも密接に関連していた。

　1957（昭和32）年10月，ソ連（現在のロシア連邦）が世界で初めて人工衛星（スプートニク1号）の打ち上げに成功した。これに衝撃を受け

たアメリカでは（「スプートニク・ショック」と呼ばれた），科学教育の在り方をめぐる論議が活発となり，経験主義教育に対する批判が積極的に展開された。

1959（昭和34）年には科学教育の改善を目標としたウッズホール会議が開催され，その議長を務めたブルーナー（Bruner, J. S.）が会議の共同討議の内容をまとめて，翌1960年『教育の過程』（The Process of Education）を刊行した。『教育の過程』は，知識を「構造」として学習する「発見学習」の理論や「学問中心カリキュラム」の構想を提言し，日本でも1963（昭和38）年に翻訳本が出版された。このような理論や構想が各国の教育改革に影響を与え，「教育内容の現代化」と呼ばれる運動へと発展していった。

写真9-2 『教育の過程』日本語版
翻訳者：鈴木祥蔵，佐藤三郎（岩波書店，1963年）

日本では，民間の教育研究団体である数学教育協議会（委員長：遠山啓）が「教育内容の現代化」を最初に主張し，現代数学の成果と方法を数学教育に積極的に取り入れようとした。1960（昭和35）年に遠山を

中心に提唱された「水道方式」による計算指導の体系は，「教育内容の現代化」の成果を典型的に示したものとして注目を集めた。

また，教育学者の板倉聖宣(いたくらきよのぶ)が提唱した「仮説実験授業」は，全ての子ども達が科学を理解し，好きになるような授業を目指すという科学教育に関する授業理論であった。「仮説実験授業」の方法は，実験の結果を児童生徒に予想させ，その予想について討論した後，実際に実験を行って，どの予想が正しかったかを解明していくというものである。

3.「教育内容の現代化」と『昭和43年版学習指導要領』

(1)「教育内容の現代化」と「学問中心カリキュラム」

一般に「学問中心カリキュラム」は，①教育内容選択の基準を科学(学問)の構造に求める，②科学者の研究を追体験させる，③そのために発見学習や探究学習を重視する，④概念・一般原理を小学校低学年から教授する，⑤教育内容がスパイラル(らせん状)に高度化するカリキュラム編成にする，などの特徴を持っていた。

教育課程審議会は1967(昭和42)年10月に「小学校の教育課程の改善について」を答申し，翌年6月に「中学校の教育課程の改善について」を答申した。2つの答申の主眼は，「調和と統一のある教育課程の実現」であった。これらの答申に基づいて，1968(昭和43)年7月に小学校の学習指導要領が改訂された(中学校は1969年，高等学校は1970年に改訂)。『昭和43年版学習指導要領』では「教育内容の現代化」が図られ，特に小中学校の算数・数学・理科において教育内容が精選されるとともに，全体的に高度な内容が教育課程に盛り込まれた。

（２）『昭和43年版学習指導要領』の特徴

　『昭和43年版学習指導要領』の主な改訂は，①授業時数を従来の最低時数から標準時数に改めたこと，②小中学校の教育課程は，「各教科」，「道徳」，「特別活動」の３領域となり，高等学校については「各教科に含まれる科目」，「各教科以外の教育活動」の２領域としたこと，③小中学校の算数・数学，理科で「教育内容の現代化」を図ったこと，④高等学校で「数学一般」，「基礎理科」，「初級英語」，「英語会話」を新設し，女子の「家庭一般」を必修化したこと，などが特徴であった。

　なかでも，高度経済成長における教育政策の具体化を目指した改訂では，現代科学の成果をより一層反映させるための高度で科学的な教育を進める「教育内容の現代化」が重視された。例えば理科では，従来の学習指導要領を「基本的な科学概念の理解の重要性が強調されていない」と批判し，①科学の方法の習得と創造的な能力の育成，②基本的な科学概念の理解と自然に対する総合的，統一的な考察力の要請，③科学的な見方や考え方と科学的自然観の育成を方針とした。

　もともと「教育内容の現代化」は，戦後教育改革の際の経験主義的な教育課程か，それとも『昭和33年版学習指導要領』の特徴であった系統的な教育課程か，という二項対立を止揚して，その両者の長所を統合した教育課程を志向したものであった。ここでは教育内容が精選され，全体的に高度な知識が教育課程に盛り込まれる一方で，児童生徒の個性・能力に応じた指導が重視されていた。それは，中学校で能力別指導を可能にしたことや高等学校の教育を多様化したことに現れていた。しかし，「教育内容の現代化」の目的は必ずしも十分には浸透せず，『昭和43年版学習指導要領』が示した方向性は，しばしば学力格差の拡大や「詰め込み教育」を助長するという批判を浴びることになった。

4.「第三の教育改革」と「四六答申」

(1)「第三の教育改革」の意味

　中央教育審議会は，1971（昭和46）年6月に「今後における学校教育の総合的な拡充整備のための基本的施策について」（以下，「四六答申」と略）を答申した。この諮問理由は，戦後20年を経た時代の変化の中で，教育制度と内容に対して多くの問題点を指摘する一方，技術革新の急速な進展と社会の複雑化は，学校教育に更なる新しい課題の解決を求めた。そのため，これまでの学校教育の実績を再検討し，問題点を明らかにすることで，今後の学校教育の総合的な拡充整備のための基本的方策を検討することを求めるというものであった。

　「四六答申」は，明治初期の教育改革（第一の教育改革），第二次世界大戦後の戦後教育改革（第二の教育改革）に次ぐ「第三の教育改革」を標榜した。中央教育審議会会長の森戸辰男は，第一と第二の教育改革の課題を次のように評価した[1]。

一，教育改革が政治革命の一環として急速に，かつ時に権力的に強行されたため，教育上の諸問題は，教育自体の立場から十分に考慮・策定されなかったという事情があった。

二，両改革は，いずれも西洋の，後者（第二の教育改革―筆者註）にあっては特にアメリカの思想・制度をモデルとし，かつ急速にその実行を企てたため，日本の伝統は軽視されざるをえず，時には敵視されることもあった。

三，教育改革が主として外国制度の導入であったため，いきおい観念的・思想的に流れ，その適用される現実の基礎への配慮がきわめて不十分であった。

1）　森戸辰男『第三の教育改革』（第一法規，1973年）

(2)「四六答申」の内容と評価

「第三の教育改革」では，①経済・産業の高度成長，②情報化社会の到来，③民主主義の大衆化，④国際社会の多極化，という社会の変化に対応して，「生涯学習の立場」「東洋の基盤に立つ新しい教育の立場」「先導的試行の立場」について検討された。

写真9-3　森戸辰男
（写真提供　共同通信社／ユニフォトプレス）

「四六答申」は，学校教育全般の問題として，①学校教育に対する国家社会の要請と教育の機会均等，②人間の発達段階と個人の能力・適性に応じた効果的な教育，③教育費の効果的な配分と適正な負担区分，を特に検討課題とした。また，教育課程の改善については，①小学校から高等学校までの教育課程の一貫性を一層徹底すること，②小学校では基礎教育の徹底を図るため，教育内容の精選と履修教科を再検討すること，③中学校では前期中等教育段階としての基礎的・共通的なものをより深く修得させる教育課程を履修させながら，個人の特性の分化に十分配慮して将来の進路選択の準備段階としての観察・指導を徹底すること，④高等学校では，生徒の能力・適性・希望などに応じて教育内容の適切な多様化を行うこと。その場合は，コースの転換と様々なコースから進学の機会を確保すること，の4点を提案した。

「四六答申」が示した改革案の多くは実現したが，初等及び中等教育制度の改革などは1984（昭和59）年に設置された臨時教育審議会に引き継がれた。その意味で「四六答申」は，「臨時教育審議会の先導的役割を果たし，改革構想の輪郭を構成した」[2]と位置づけることができる。

また，「四六答申」の内容は，1971年5月の社会教育審議会答申「急激な社会構造の変化に対処する社会教育のあり方について」が提案した，①生涯教育の観点からの体系化，②多様な要求に対応する教育の内容・方法の改善，③団体活動・ボランティア活動の促進といった方向性とも連動していった。

社会教育審議会はその後，教育分野での放送利用を促進する観点から「映像放送及びFM放送による教育専門放送のあり方について」の審議を開始し，1969（昭和44）年3月に答申を行った。その答申には直接に盛り込まれたわけではないが，放送を主たる教育手段とする独立の大学設立の機運が高まり，1981（昭和56）年6月の「放送大学学園法」の成立により同年7月に放送大学学園が発足した（放送大学は，1985年度から学生を受け入れ，放送を開始した）。

5. 家永教科書裁判とその経緯

（1）家永教科書裁判とその争点

一般に家永教科書裁判とは，東京教育大学（現在の筑波大学）教授であった家永三郎が，自著の高等学校用社会科教科書『新日本史』に関する教科書検定を不服として国または文部大臣を相手に提訴したものである。家永教科書裁判には，第一次訴訟から第三次訴訟まで3つの訴訟がある。

『新日本史』は，1962（昭和37）年の教科書検定で不合格となり，翌

---

[2] 下村哲夫『実感的戦後教育史』（時事通信社，2002年）

年の教科書検定で条件付き合格となった。1965（昭和40）年，家永はこれらの不合格処分と条件付き合格処分が違憲・違法であるとして，国に対してこの教科書検定の過程で受けた精神的打撃に対する損害賠償請求訴訟を起こした（第一次訴訟）。その後，1966（昭和41）年に先の教科書検定での修正意見に対して修正した箇所の改訂申請を行ったが，6箇所が改訂不許可（不合格）となったため，家永は翌1967（昭和42）年，文部大臣を相手に不合格処分取消訴訟を起こした（第二次訴訟）。そして，1984（昭和59）年には『新日本史』の1980（昭和55）年度の教科書検定において付された検定意見及び1983（昭和58）年度の改訂検定で付された検定意見等によって表現の自由や学問の自由を侵害されたとして，国を相手に損害賠償請求訴訟を提起した（第三次訴訟）。

　家永教科書裁判の争点は多岐にわたるが，主要な争点は3点である。第1は「制度違憲」の問題であり，教科書検定制度それ自体が違憲・違法かどうかという問題である。具体的には，「日本国憲法」第21条（表現の自由，検閲の禁止），第23条（学問の自由），第26条（教育を受ける権利），第31条（適正手続き），「教育基本法」第10条（教育行政）等の規定に違反するかどうかが争われた。

　第2は「適用違憲」の問題であり，教科書検定制度自体は合憲であるとしても，その運用（検定諸法令）レベルで違憲となるかどうかという問題である。これは裁量権濫用と重なる場合が多いが，理論的には区別される。例えば検定当局が特定の思想的立場に立ち，これに反する教科書の記述を排除するような検定処分を行う場合は，裁量権濫用というよりもむしろ「適用違憲」になる（成嶋隆「教科書検定②——第一次家永教科書事件上告審」）。

　そして，第3は「裁量権の逸脱・濫用」の問題である。これは，教科書検定は違憲でないとしても，検定についての文部大臣の裁量権の範囲

を逸脱しており違法ではないかという問題である。

(2) 家永教科書裁判の判決

　家永教科書裁判は，地方裁判所，高等裁判所，最高裁判所において，合計10の判決が出されている。家永教科書裁判の経過と判決の内容は以下の表の通りである。

表9-1　家永教科書裁判の経過と判決内容

	第一次訴訟	第二次訴訟	第三次訴訟
請求内容	国家賠償請求 1965(昭和40)年 　　　6月12日提訴	不合格処分取消請求 1967(昭和42)年 　　　6月23日提訴	国家賠償請求 1984(昭和59)年 　　　1月19日提訴
第1審 (東京地裁)	1974(昭和49)年7月16日 (高津判決) 制度・適用合憲 裁量権一部濫用あり	1970(昭和45)年7月17日 (杉本判決) 制度・適用違憲 不合格処分取消し	1989(平成元)年10月3日 (加藤判決) 制度・適用合憲 裁量権一部濫用あり
第2審 (東京高裁)	1986(昭和61)年3月19日 (鈴木判決) 制度・適用合憲 裁量権濫用なし	1975(昭和50)年12月20日 (畔上判決) 裁量権濫用あり 不合格処分取消し	1993(平成5)年10月20日 (川上判決) 制度・適用合憲 裁量権一部濫用あり
第3審 (最高裁)	1993(平成5)年3月16日 (可部判決) 上告棄却 (訴訟終結)	1982(昭和57)年4月8日 (中村判決) 東京高裁に差戻し	1997(平成9)年8月29日 (大野判決) 制度・適用合憲 裁量権一部濫用あり (訴訟終結)
差戻し控訴審 (東京高裁)		1989(平成元)年6月27日 (丹野判決) 訴えの利益なし 却下(訴訟終結)	

(出典：山田恵吾他『学校教育とカリキュラム (第三版)』文化書房博文社，2015年)

　この表から明らかなように，「制度違憲」とした判決は1つもなく，教科書検定制度はどの判決においても合憲とされた。ただし，第二次訴訟第一審の杉本判決のみが教科書検定制度を「適用違憲」としている。

この判決は,「国民の教育の自由」という観点から家永側の主張をほぼ全面的に認めたものとして注目を集めた。家永教科書裁判において,「裁量権の逸脱・濫用」があるとしたのは,高津判決,畔上判決,加藤判決,川上判決,大野判決である。鈴木判決と可部判決は,家永側の主張を全て退けた。

　家永教科書裁判は,「国家権力と教育との根本問題を問う訴訟」(家永三郎) として教科書検定制度の違憲論から始まって,国の教育権限の否定にまで及ぶ幅広い教育権論争を展開したが,最終的にはいずれもが否定された。いずれにしても,家永教科書裁判は,1950年代からの「文部省対日教組」という政治的なイデオロギー対立を象徴するものであったと言える。

参考文献

文部省編『学制百年史(記述編)』(帝国地方行政学会,1972年)
菱村幸彦『戦後教育はなぜ紛糾したのか』(教育開発研究所,2010年)
森川輝紀・小玉重夫編『教育史入門』(放送大学教育振興会,2012年)
読売新聞昭和時代プロジェクト『昭和時代―三十年代―』(中央公論新社,2012年)
水原克敏『学習指導要領は国民形成の設計書―その能力観と人間像の歴史的変遷―』(東北大学出版会,2010年)
山田恵吾編『日本の教育文化史を学ぶ―時代・生活・学校―』(ミネルヴァ書房,2014年)
山田恵吾,藤田祐介,貝塚茂樹『学校教育とカリキュラム(第三版)』(文化書房博文社,2015年)
成嶋隆「教科書検定②―第一次家永教科書事件上告審」(芦部信喜・髙橋和之編『別冊ジュリスト・憲法判例百選Ⅰ』有斐閣,1994年)

学習課題

(1)「第三の教育改革」の意味と「四六答申」の内容について説明できるようにしよう。
(2)「教育内容の現代化」の意味と『昭和43年版学習指導要領』の特徴について説明できるようにしよう。
(3)家永教科書裁判の経緯とその歴史的な意味について考えてみよう。

10 │「教育荒廃」と「ゆとり」路線への転換

《目標＆ポイント》 高度経済成長に伴う「大衆教育社会」の完成と1970年代以降に顕著となるいじめ，不登校，校内暴力などの「教育荒廃」の状況と背景について検討する。また，『昭和52年版学習指導要領』で示された「ゆとり」路線への転換の背景とその意味について考察する。

《キーワード》 「大衆教育社会」，受験競争，共通一次試験，校内暴力，家庭内暴力，「人間中心カリキュラム」，「教育内容の現代化」，管理教育，「ゆとりと充実」，習熟度別学級編成

1．「大衆教育社会」と「教育荒廃」

(1)「大衆教育社会」の完成

1970（昭和45）年には，第1次産業に従事する就業者の比率が約19％まで低下し，逆に被雇用者の比率は約64％にまで上昇し，平均寿命も世界のトップレベルとなった。しかし，1973（昭和48）年10月の第4次中東戦争をきっかけとして原油価格が高騰し，日本経済は戦後初めてマイナス成長となり，高度経済成長は終焉した。

高度経済成長は，国民の社会生活と国民意識を大きく変化させたことは否定できない。6・3制の義務教育制度は，1960（昭和35）年頃までにはほぼ定着した。「第1次ベビーブーム」の影響を受けた1958（昭和33）年に小学校児童数は戦後最大となり，中学校生徒数も1962（昭和37）年にピークを迎えた。また，高等学校の生徒数も高度経済成長を背

景とした進学率の急激な上昇によって, 1980年代には大多数の青少年が学ぶ教育機関として定着した。

　高度経済成長に伴う教育の量的拡大と進学率の上昇した1970年代半ばの時期に, 日本ではいわゆる「大衆教育社会」が完成した。一般に, 「大衆教育社会」とは, 「教育が量的に拡大し, 多くの人々が長期間にわたって教育を受けることを引き受け, またそう望んでいる社会」[1], あるいは「教育の大衆的拡大を基盤に形成された大衆社会であり, メリトクラシー（業績主義）の価値が, 大衆にまで広く浸透した社会」[2] と定義される。メリトクラシーとは, 才能や努力, 業績によって人々の選抜が行われる社会制度のことであり, 人が「何であるか」ではなく「何ができたか」が重要な基準となる。

　つまり, 多くの人々が教育を通じて個人の努力と能力によって社会的な成功を獲得しようとすることが「大衆教育社会」の特徴であった。もちろんそのためには, どのような家庭に生まれたかではなく, 一人ひとりを公平に扱い, 評価するという「平等」の教育システム（学校）が不可欠であった。

　しかし, 日本の「大衆教育社会」では, ともすれば形式的な「平等」に注意が向けられる傾向が強かったために, 実際には親の学歴や職業の社会階層間の格差がもたらす不平等が可視化されにくくなっていった。フランスの社会学者ブルデュー（P. F. Bourdieu：1930-2002）の指摘する文化的再生産（親から子へと伝達される階層分化を媒介として, 社会的な不平等の構造が再生産されるメカニズム）が現実には日本でも進行していたにもかかわらず, 日本の「大衆教育社会」はそれを隠蔽するように作用していった。「子どもには無限の可能性がある」「やればできる」という子どもの能力の「平等」が強調される一方で, 子どもの学業成績と家庭環境を結び付けて論じること自体が差別的であるかのように理解

1）　苅谷剛彦『大衆教育社会のゆくえ—学歴主義と平等神話の戦後史』（中公新書, 1995年）

2）　苅谷剛彦『「学歴社会」という神話』（日本放送出版協会, 2001年）

された面もあった³⁾。ある意味でそれは，表面的には「平等」に見える教育システムが，実は特定の社会階層に有利に働いていることが実感できないほどに大衆化が浸透したことを意味していた。

(2)「学歴社会」と受験競争の激化

　「大衆教育社会」の基盤を支えたのは，社会的な評価や選抜，配分において学歴を重視する志向である。「成員の社会的地位を決定する学歴の力が相対的に大きい社会」⁴⁾を意味する「学歴社会」は，「総中流社会」と並んで，高度経済成長期の日本を象徴するある種の流行語であった⁵⁾。

　「学歴社会」への関心は，高等学校・大学への進学率の上昇を促し，同時にそれは受験競争の激化をもたらしていった。「団塊の世代」が大学進学を迎えた1965～1967年には大学・短期大学の合格率（大学・短期大学入学者数／大学・短期大学志願者数で求められる「合格のしやすさ」の指標）は約62％であり，大学・短期大学への入学が最も困難な時期となった。

　また，「中学浪人」も大量に生み出され，これに呼応して学習塾ブームや受験雑誌ブームが巻き起こった。1976（昭和51）年に文部省が実施した調査では，小学生の約12％，中学生の約38％が学習塾に通っており，通塾する子ども達の低年齢化が指摘された⁶⁾。「乱塾時代」という言葉が流行したのはこの時期である。

　1970年代半ばには，週刊誌は競い合うように有名大学の高等学校別合格者数や大学の偏差値などを掲載し，「よい塾の選び方」などを特集し

---

3) 山田恵吾編『日本の教育文化史を学ぶ—時代・生活・学校』（ミネルヴァ書房，2015年）
4) 麻生誠『日本の学歴エリート』（玉川大学出版部，2006年）
5) 吉川徹『学歴と格差・不平等—成熟する日本型学歴社会』（東京大学出版会，2006年）
6) 文部省大臣官房調査統計課『全国の学習塾通いの実態—昭和51年度「児童生徒の学校外学習活動に関する実態調査」速報』（1977年）

た。また、受験雑誌の『蛍雪時代』(旺文社)から生まれた「受験地獄」「受験戦争」という言葉が社会に浸透し、「4時間しか眠らず努力する者は合格するが、5時間も眠る怠け者は不合格となる」ことを意味する「四当五落」というフレーズも受験生の間で一般化した。

受験競争の激化は、子ども達の間に競争主義を蔓延させた。一方でこの時期、授業の内容を理解している児童生徒は、小学校では7割、中学校では5割、高等学校で3割(「7・5・3」と言われた)と指摘された。こうした授業についていけない、いわゆる「落ちこぼれ」が教育問題となった。

1975(昭和50)年、子ども達の間では『およげ！ たいやきくん』という歌が爆発的にヒットした。［まいにち まいにち ぼくらは てっぱんの うえでやかれて いやになっちゃうよ］というフレーズは、当時の子ども達の心象風景と重なっていたのかもしれない。また、翌1976(昭和51)年には、「乱塾時代」が流行語となった。

写真10-1 共通一次試験の受験風景
(写真提供 共同通信社／ユニフォトプレス)

1979(昭和54)年には、国公立大学入学志願者のために共通一次学力試験(以下、共通一次試験)が導入された。共通一次試験は、受験競争の激化を解消することを意図したものであり、受験競争の激化を背景とした入試問題の「奇問・難問」の改善を意図していた。しかし、全国一律の共通試験制度は、偏差値による各大学の入試難易度の比較を可視化したことで、逆に中学校や高等学校を序列化し、それが受験生の偏差値依存をもたらしたという側面もあった。

共通一次試験が導入された1979年，テレビドラマ「３年Ｂ組金八先生」の第１シリーズがスタートした。「３年Ｂ組金八先生」は，これ以後20年以上にわたってシリーズ化され，それぞれの時代に学校教育が抱えた課題を焦点化して映し出すことになるが，第１シリーズでは，受験にまつわる話が圧倒的に多かった。また，この年には，東京大学を目指す中学生とその家族の人間模様を描いた城山三郎の『素直な戦士たち』（新潮社，1978年）がドラマ化されて話題となった[7]。

（３）「教育荒廃」の顕在化

　教育の著しい量的拡大は，多くの児童生徒に教育の機会を提供する一方，学校教育は多様化し，変貌する児童生徒に直面せざるを得なくなっていった。特に，高度経済成長により，物質的に豊かな社会に生まれ育った児童生徒には，耐性の低下と価値観の多様化，さらには社会に対する規範意識の低下が問題視された。

　また，高等学校の進学率が90％を超えた1974（昭和49）年から1980年代半ばにかけて，集団単位での非行や校内暴力，あるいは家庭内暴力などの，いわゆる「教育荒廃」が問題となっていった。1979（昭和54）年７月に発表された『警察白書』は，少年非行の一般化と低年齢化を指摘し，万引き，窃盗，シンナー，覚せい剤犯が増加するとともに，対教師暴力が多発するなど青少年の中に攻撃的で「危険な兆候」が加速していると指摘した。

　特に，校内暴力は1970年代半ばから各地の中学校で発生し，80年代に入って急激に増加した。1980（昭和55）年10月には三重県尾鷲市の中学校で多数の生徒が教師に暴力を加え，24人の生徒が検挙されるという事件が発生した。また，1983（昭和58）年２月には東京都町田市の中学校で，男性教師が金属製玄関マットを振り上げて襲ってきた生徒を果物ナ

7）　山田恵吾編『日本の教育文化史を学ぶ―時代・生活・学校―』（ミネルヴァ書房，2014年）

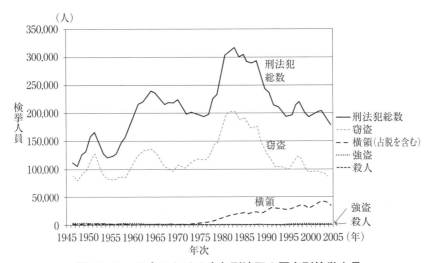

図10-1　日本における少年刑法犯の罪名別検挙人員
(出典：法務省『平成18年版犯罪白書―刑事政策の新たな潮流』国立印刷局，2006年)

イフで刺すという事件も起こった。この事件に対するマスコミの報道は，総じて学校・教師の責任を追及するものが多数であったが，生徒の暴力に耐えかねた教師の「正当防衛」と見る世論も少なくはなかった。

　町田市の事件を契機として，文部省は校内暴力についての全国調査を実施した。調査結果によれば，1982（昭和57）年から1983年までの1年間に，公立中学校の7校に1校の割合で校内暴力が発生し，対教師暴力は約1,400件と報告された。

　戦後日本の少年犯罪が「第3のピーク」を迎えたのが1983年である。戦後の少年犯罪は，その発生数の増減に時代背景と関連した波があるとされている。第1の波は，1951（昭和26）年をピークとして現れた。この時期は，戦後の経済的困窮を背景として食料や衣類などの生活必需品の窃盗などが圧倒的な多数を占めていたため，「生活（生存）型非行」

が特徴であった。また，第2の波は，1964（昭和39）年をピークとするものであり，暴力，傷害，脅迫，恐喝などの反社会的非行が増加したことを特徴としていた。その背景には，高度経済成長が進むことに伴う経済格差や管理社会に対する反発があったとされ，一般にその特徴は「反抗（粗暴）型非行」と称された。

これに対して，1970年代後半から顕在化する「第3のピーク」の特徴は，経済的な豊かさを享受した世代の子ども達が軽い気持ちで行う比較的軽微な犯罪（万引きや乗り逃げなど）が目立つことであった。それらは「遊び型犯罪」と言われたが，遊び感覚の延長で非行を繰り返す子ども達には罪悪感が希薄なことも指摘された。

2.「教育荒廃」と学校・教師

「教育荒廃」の顕在化は，学校に対する世論の眼差しを大きく変化させた。1970年代半ばまでの学校は，子ども達の将来を保障し，人生を豊かにするための重要な場として，多くの人々にとってある種の輝きを持った存在であった。しかし，1970年代後半から「教育荒廃」が頻発したことで，学校に向けられる眼差しは厳しくなっていった。

学校は，「教育荒廃」という状況に対して校則の強化や厳格な生徒指導でもって対処した。しかし，こうした学校・教師の対応はマスコミや保護者から「管理教育」として批判され，「教育荒廃」の状況とその対応への議論はさらに混迷していった。「教育荒廃」に適切に対応できない学校・教師は厳しい批判に晒され，児童生徒や保護者の学校不信は高まっていった。なかでも学校・教師に対する批判の矛先は，画一的な教育方法と偏差値序列に拠っている旧態依然とした学校の体質，さらには教師の「管理」に基づく権力性に向けられた。上級学校への進学率が上

> **コラム**　「スクール・ウォーズ——泣き虫先生の7年戦争」
>
> 　1984（昭和59）年10月～1985（昭和60）年4月にかけて放送された学園ドラマである。京都市立伏見工業高等学校（現在の京都市立京都工学院高等学校）ラグビー部と同校教員でラグビー部監督の山口良治（ラグビー元日本代表）をモデルとしたものである。山口をモデルとしたラグビー部監督の滝沢賢治が，ラグビーを通じて校内暴力で荒れる生徒を成長させ，無名であった同校ラグビー部を全国制覇に導くという物語を描いた。フィクションではあるが，全国制覇までの伏見工業高等学校ラグビー部が辿った実話に基づく部分も多く，当時の代表的な学園ドラマとして人気を博した。

昇し，生徒の能力・適性・関心が多様化しているのに，学校・教師がそうした変化に十分に対応できていないというのが，「教育荒廃」に対する批判の観点であった。

　「教育荒廃」をめぐる状況は，学校・教師と家庭との力関係を逆転させていった。1960年代までの学校は，多くの人に教育機会を提供し，社会の成熟化を促す機能を持つものと理解され，その権威性は社会的に担保されていた。しかし，「教育荒廃」によって，学校・教師の権威性は根底から揺さぶられ，「学校バッシング」「教師バッシング」と言われる状況が加速度的に浸透していった。

　学校・教師への批判は，新聞やテレビのマスコミによってさらに助長されていった。1972（昭和47）年10月から『朝日新聞』に連載された「いま学校で」（後に5巻の単行本として刊行された）は，「管理教育」や体罰，学校や教室内での非常識と思える慣行を取り上げ話題となった。

また，テレビでも「3年B組金八先生」の第2シリーズ（1980〜81年）が校内暴力をテーマとし，児童生徒の「学校不適応」の状況と学校・教師の閉鎖的な体質を批判的に描写していった。進学率の上昇によって，親世代の学歴が相対的に高くなり，教師との学歴の差異が縮小したことも背景としながら，学校・教師に対する視線は厳しさを増していったのである。

3.「ゆとり」路線の学習指導要領

(1)「教育内容の現代化」から「人間化」へ

　高度化と能率化を追究した「教育内容の現代化」は，「教育荒廃」などの問題状況が顕在化する中で十分な成果を示すことができず，教育改革の方向性は大きな転換を果たしていった。それは，いわば「教育内容の現代化」から「人間化」への転換であり，人間性の回復に力点を置くものであった。

　「人間化」重視の方向性は，世界的なカリキュラム改革の動向とも連動していた。例えば，全米教育協会が刊行した『70年代のためのカリキュラム』と『70年代及びそれ以降のための学校』は，「教育内容の現代化」にはそもそも人間はいかにあるべきか，という観点が忘れ去られていたと批判した上で，教育課程における「人間化」重視のあり方を主張した。

　こうした指摘は，イリイチ（I. D. Illich：1926-2002）の『脱学校の社会（Deschooling Society）』（1970年）が大きな注目を集めたことにも象徴されていた。イリイチは，そもそも学校は人間の幸福を達成するために設置されたにもかかわらず，次第にシステムとしての機能を強制する装置となり，人間を抑圧する機関へと転化したと批判した。イリイチによれば，こうした学校では，個々の人間の主体的な選択権は奪われ，あ

らゆるものがパッケージ化された教育として設定され，それを消化できたか否かによって能力が査定されることになる。つまり学校は，こうした査定に応じて子ども達に学歴を付与するという巨大システムへと変化したのであり，子ども達の人間性を歪めているというのがイリイチの指摘であった[8]。

　また，イリイチは，学校に行く者は自分が必要だと思って学ぶのではなく，学ばなければいけない制度になっているから学ぶだけである。人々の「学校信仰」が深まり，学校制度が変化するにつれて，もともと私的な営みであった教育は歪められてしまう。これは教育のあるべき姿ではなく，既存の学校制度を廃止して，「脱学校社会」を構築すべきであると主張した。

　イリイチに代表されるように，社会の重要な機能として自明視されていた学校制度のあり方を批判し，そのあり方を根源的に問う主張は「脱学校論」と呼ばれた。この時期，イリイチのほかに，『学校は死んでいる』(1971年) を著したライマー (E. Reimer) や『被抑圧者の教育学』(1968年) を著したフレイレ (P. Freire) などが「脱学校論」を主張し，それらは教育の「人間化」あるいは「人間性の回復」の方向性と共鳴していった。これらの主張は共に社会変化の中で学校のあり方を根源的に再考しようとするものでもあったが，一方でそれは公教育それ自体を否定する要素を含んでいるとして警戒され，批判の対象ともなっていった。

(2)「ゆとりと充実」の学習指導要領

　『昭和43年版学習指導要領』に象徴される教育課程は，科学・産業・文化等の進展への対応を主眼としたものであった。理数系科目を中心とした「教育内容の現代化」では，教育内容が精選され，全体的に高度な知識が教育課程に盛り込まれた。しかし，学習内容の量的な増加と教育

---

8)　水原克敏『学習指導要領は国民形成の設計書―その能力観と人間像の歴史的変遷―』(東北大学出版会，2010年)

内容の高度化が求められる中での「教育荒廃」の顕在化は，児童生徒の側に立った「人間化」への転換を迫ることとなった。教育内容の過重な負担が「教育荒廃」をもたらす要因である，という指摘が説得力を持つことになったのである。

　1976（昭和51）年12月，教育課程審議会は「小学校，中学校及び高等学校の教育課程の改善について」を答申した。この答申を受けて，1977（昭和52）年に小学校の学習指導要領及び中学校の学習指導要領の全面改訂が告示された。この改訂は，次のような点を特徴とするものであった[9]。

①道徳教育や体育を一層充実し，知・徳・体の調和のとれた人間性豊かな児童・生徒の育成を図ること。
②各教科の基礎的・基本的事項を確実に身に付けられるように教育内容を精選し，創造的な能力の育成を図ること。
③ゆとりあるしかも充実した学校生活を実現するために，各教科の標準授業時数を削減し，地域や学校の実態に即して授業時数の運用に創意工夫を加えることができるようにすること。
④学習指導要領に定める各教科等の目標，内容を中核的事項にとどめ，教師の自発的な創意工夫を加えた学習指導が十分に展開できるようにすること。

　『昭和52年版学習指導要領』は「教育内容の現代化」によって進められた知識偏重の学校教育を見直し，「ゆとりと充実」をキャッチフレーズに掲げた。「学問中心カリキュラム」から「人間中心カリキュラム」への転換を目指した『昭和52年版学習指導要領』を契機として，戦後日本の教育課程は「ゆとり」路線へと大きく転換したのである。

9）　文部省『学制百二十年史』（ぎょうせい，1992年）

表10-1　小学校の教科等と授業時数　　　　　　　　　　　　（1980年4月施行）

区　分		第1学年	第2学年	第3学年	第4学年	第5学年	第6学年
各教科の授業時数	国　語	272	280	280	280	210	210
	社　会	68	70	105	105	105	105
	算　数	136	175	175	175	175	175
	理　科	68	70	105	105	105	105
	音　楽	68	70	70	70	70	70
	図画工作	68	70	70	70	70	70
	家　庭					70	70
	体　育	102	105	105	105	105	105
道徳の授業時数		34	35	35	35	35	35
特別活動の授業時数		34	35	35	70	70	70
総授業時数		850	910	980	1,015	1,015	1,015

（備考）1　この表の授業時数の1単位時間は，45分とする。
　　　　2　私立学校の場合において，道徳のほかに宗教を加えるときは，宗教の授業時数をもってこの表の道徳の授業時数の一部に代えることができる。

表10-2　中学校の教科等と授業時数　　　　　　　　　　　　（1981年4月施行）

区　分	必修教科の授業時数									道徳の授業時数	特別活動の授業時数	選択教科等に充てる授業時数	総授業時数
	国語	社会	数学	理科	音楽	美術	保健体育	技術・家庭					
第1学年	175	140	105	105	70	70	105	70		35	70	105	1,050
第2学年	140	140	140	105	70	70	105	70		35	70	105	1,050
第3学年	140	105	140	140	35	35	105	105		35	70	140	1,050

（備考）1　この表の授業時数の1単位時間は，50分とする。
　　　　2　選択教科等に充てる授業時数は，1以上の選択教科に充てるほか，特別活助の授業時数等の増加に充てることができる。
　　　　3　選択教科の授業時数については，音楽，美術，保健体育及び技術・家庭は，それぞれ第3学年において35を標準とする。外国語は，各学年において105を標準とし，中学校学習指導要領で定めるその他特に必要な教科は，各学年において35を標準とする。
　　　　4　私立学校の場合において，道徳のほかに宗教を加えるときは，宗教の授業時数をもってこの表の道徳の授業時数の一部に代えることができる。

『昭和52年版学習指導要領』は，ゆとりのある充実した学校生活を実現するために，各教科の指導内容を大幅に精選し，思い切った授業時数の削減を行うものであった。授業時数については，小学校では『昭和43年版学習指導要領』第4学年で70単位時間，第5・第6学年で140単位時間が削減された。また，中学校では第1・第2学年で140単位時間，第3学年で150単位時間が削減された。
　この改訂によって教育課程全体の授業時数は，『昭和43年版学習指導要領』に比べて約1割削減された。教育内容の大幅な精選が行われ，学習指導要領の大綱化が図られることで，指導の具体的展開においては各学校・教師の裁量部分が多くなった。また，授業時数の削減によって生み出された時間は，「ゆとりの時間」（学校裁量時間）と位置づけられ，各学校の創意工夫で活用するものとされた。ただし，「ゆとりの時間」は学習指導要領には明記されていなかった。

(3) 習熟度別学級編成の導入

　1978（昭和53）年に改訂された高等学校の教育課程では，①学校の主体性を尊重し，特色ある学校づくりができるようにすること，②生徒の個性や能力に応じた教育が行われるようにすること，③ゆとりある充実した学校生活が行われるようにすること，④勤労の喜びを体得させるとともに徳育・体育を重視すること，などが方針として示された。
　これによって教育課程編成の大幅な弾力化措置が示され，①卒業単位数を85単位から80単位に削減すること，②すべての生徒に履修を求める必修教科・科目の単位数を卒業必要単位の3分の1に削減するなどが示されるとともに，生徒の個性や能力に応じた教育方法として，戦後初めて習熟度別学級編成が導入された。
　習熟度別学級編成は，「能力主義か平等主義か」の議論を喚起する一

方，たとえ学校で「ゆとりと充実」の理念を掲げても，大学入試における厳しい競争によって，その理念は実現されていないという批判もなされた。一般的に世論は「ゆとりと充実」を目指した教育課程を好意的に評価したが，その一方で予備校や塾が氾濫している状況は続いた。したがって，「人間中心カリキュラム」への転換が図られたとしても，そもそも成熟社会における「人間化」とは何なのか，一人ひとりが自己実現をする生き方とは何を意味することなのかという理念に対する共通理解が明確にされたわけではなかった[10]。

　1960年以降の高度経済成長が，物質的な豊かさをもたらしたことは事実である。しかし，その反面では，大気や海洋の汚染が拡がり，都市化に伴う地域共同体（コミュニティ）の崩壊も進んだ。教育においては，1950年代からの「文部省対日教組」の政治的な対立が継続する中で，産業構造の変化などの複合的な要因が重なることで，大学紛争，青少年非行などの「教育荒廃」が新たな課題として表面化していった。

　また，「教育荒廃」によって，学校・教師と家庭との力関係は逆転し，教育政策は「ゆとり」路線へと大きく転換していった。そして教育は，様々な課題を抱え込みながら，1980年代の教育改革の段階へと進んでいくことになるのである。

10）　水原前掲書『学習指導要領は国民形成の設計書―その能力観と人間像の歴史的変遷―』（東北大学出版会，2010年）

参考文献

文部省『学制百二十年史』(ぎょうせい,1992年)
菱村幸彦『戦後教育はなぜ紛糾したのか』(教育開発研究所,2010年)
水原克敏『学習指導要領は国民形成の設計書―その能力観と人間像の歴史的変遷―』(東北大学出版会,2010年)
森川輝紀・小玉重夫編『教育史入門』(放送大学教育振興会,2012年)
読売新聞昭和時代プロジェクト『昭和時代―三十年代―』(中央公論新社,2012年)
山田恵吾編『日本の教育文化史を学ぶ―時代・生活・学校―』(ミネルヴァ書房,2014年)
山田恵吾,藤田祐介,貝塚茂樹『学校教育とカリキュラム(第三版)』(文化書房博文社,2015年)

学習課題

(1)「大衆教育社会」の意味について説明できるようにしよう。
(2) 1970年代以降における「教育荒廃」の状況が学校・教師のあり方に及ぼした影響について考えてみよう。
(3)『昭和52年版学習指導要領』の特徴とその歴史的な意味について考えてみよう。

11 | 高等教育の量的拡大と大学紛争

《目標＆ポイント》 高等教育の量的拡大を主な要因とした大学紛争について，「団塊の世代」の特徴とも関連づけながら検討し，その歴史的な意味について考察する。また，大学紛争後の学生運動とその歴史的評価について検討する。
《キーワード》 「団塊の世代」，大学紛争，全共闘，東大安田講堂事件，「大学の運営に関する臨時措置法」，学園紛争，「あさま山荘事件」，「フォークゲリラ」

1.「団塊の世代」と「戦争の記憶」

　1947（昭和22）年から1949（昭和24）年の３年間の出生数は，それぞれ250万人を超えており，合計すると約800万人となった。特に，1949年の出生数は269万6,638人となり，2016（平成28）年の約2.8倍であった。これが「第１次ベビーブーム」であり，この期間に生まれた世代は「団塊の世代」と呼ばれる。また，1971（昭和46）年から1974（昭和49）年までは「第２次ベビーブーム」の時期にあたるが，これは「団塊の世代」が出産年齢に達したことによるものである。
　「団塊の世代」の誕生，成長に伴う就職，そして進学による都市への移動は，社会構造と教育に大きな変化を与えた。特に，1960年代後半の大学紛争（学園紛争）の担い手は「団塊の世代」であった。
　『戦争を知らない子供たち』という歌が流行し始めたのは1971（昭和46）年である。大学紛争の担い手は，高度経済成長の下で育ち，右肩上

がりの生活水準の上昇を身体化している世代であり,一方では学校教育を通じて過酷な競争を経験することで,「管理社会」への強い不満を抱えた世代でもあった。

> 『戦争を知らない子供たち』(作詞:北山修,作曲:杉田二郎,歌:ジローズ)
> 戦争が終わって　僕らは生れた
> 戦争を知らずに　僕らは育った
> おとなになって　歩きはじめる
> 平和の歌を　くちずさみながら
> 僕らの名前　覚えてほしい
> 戦争を知らない　子供たちさ
>
> 若すぎるからと　許されないなら
> 髪の毛が長いと　許されないなら
> 今の私に　残っているのは
> 涙をこらえて　歌うことだけさ
> 僕らの名前を　覚えてほしい
> 戦争を知らない　子供たちさ
> 　　　　　　　　　　　　　　　　　　　　　　　　(下線は筆者)

　一方で,「団塊の世代」は,戦争による喪失感とは縁のない世代であり,エリートのための大学から大衆化していく大学への変化の中で,いわゆるエリート意識を欠落させた世代でもあった。例えば,渡邉昭夫は,「団塊の世代」について,「国民的な記憶,家族の絆,企業とのつながり,社会との連帯感など,およそ組織とか制度なるもの一般への帰属意識が希薄化し,その結果,地理的にも時間的にも定まった位置を見つけられなくなった(あるいはそうしたものを見つける意志がはじめからない)若者」[1]と表現した。

　高度経済成長期に育った「団塊の世代」にとって,日本はすでに管理

---

1)　渡邉昭夫『日本の近代8　大国日本のゆらぎ　1972-1995』(中央公論新社,2000年)

社会化した国家であり，「国家」や「民族」は彼らを抑圧する体制に映ったと言える。また，「60年安保」闘争やベトナム反戦運動の広がりを支えた原動力は，戦争を経験した世代の「戦争の記憶」であり，二度と戦争は起こさないという強い思いであった。しかし，戦争経験がない「団塊の世代」にとって，戦争体験者が共有する記憶は，もはや「閉鎖的な感傷共同体」[2]としてしか映らず，世代間の埋めようのない断層は時間を経るごとに拡大していった。

2. 学生運動と大学紛争

(1)「60年安保」闘争後の学生運動

「60年安保」闘争に組織をあげて取り組んだ全学連（全日本学生自治会総連合）は，「60年安保」闘争後には指導理論をめぐる分裂を繰り返した。日本共産党の指導の下にあった民主青年同盟（民青）は，1962（昭和37）年8月に「安保反対，平和と民主主義を守る全国学生連絡会議」（平民学連）を結成し，1964（昭和39）年12月には，いわゆる民青系全学連を再建した。また，これに対抗する過激派三派（中核派，社学同諸派，社青同解放派）は，1966（昭和41）年12月に，いわゆる三派系全学連を発足させた。これに従来の全学連執行部を掌握していた革マル系と合わせて，「60年安保」闘争時代の全学連は大きく3つの組織に分裂した[3]。

1963（昭和38）年から翌1964（昭和39）年にかけての日韓基本条約反対闘争以後，三派系全学連は過激な政治闘争の方針を強く打ち出していった。1967（昭和42）年10月8日の「総理のベトナム訪問阻止」をスローガンに掲げて機動隊と衝突した「第一次羽田闘争」を皮切りに，「第二次羽田闘争」(1967年11月)，「エンタープライズ寄港阻止闘争」(1968

---

[2] 小熊英二『〈民主〉と〈愛国〉—戦後日本のナショナリズムと公共性—』（新曜社，2002年）
[3] 文部省『学制百年史（記述編）』（帝国地方行政学会，1972年）

年1月),「4・28沖縄闘争」(1969年4月) へと連続した。機動隊に対する火炎ビン，石塊(いしくれ)を用いた闘争は，警察施設や交通機関に及び一般市民に対しても危害を与えた。

　また，民青系全学連と反民青系の団体は，次第に大学の学園問題に闘争の重点を移していった。これらの団体は，1966年の早稲田大学の学費値上げと学生会館紛争をはじめ，明治大学や中央大学の学費値上げ闘争を展開し，バリケード封鎖など全学生を巻き込んだ闘争を組織化していった。

　戦後の日本の学生運動は，敗戦とその後の占領政策の影響や世界的な共産主義思想の流行によって，左翼運動が中心となった。しかし，左翼中心の学生運動への危機感と反発から，民族派学生組織（民族派）と呼ばれる右派の学生組織も次々と結成された。民族派学生組織の多くは，民青系団体や全学連などの大学のバリケード封鎖に反対して「学園正常化」を掲げ，左翼系の組織と対立した。民族派学生組織は，敗戦後の米軍による「日本弱体化」政策（ポツダム支配）と，米ソによる世界分割支配である「ヤルタ体制」を厳しく批判する運動を展開した。主な民族派学生組織には，日本学生同盟（日学同），全国学生自治体連絡協議会（全国学協），全日本学生文化会議などがある。

(2) 大学紛争の拡大

　1968（昭和43）年1月の東大医学部の研修医問題に端を発した大学紛争は，同年5月の日本大学全共闘会議の結成を契機として急速に全国の大学へと波及した。

　例えば，日本大学では1968年4月に表面化した20億円の使途不明金問題をめぐって紛争が起きた。同年5月23日，日本大学の学生が東京の神田三崎町の大学近くで敢行したデモは，水道橋駅まで約200メートルの隊列を組み，シュプレッヒコールをあげながら進んだ。

また1968年1月29日に始まった東京大学での紛争は、医学部の学生ストライキをきっかけとして、東京大学付属病院長直属の医局長を学生たちが長時間にわたって拘束する事件へと発展した。医学部教授会は、学生17名に対して退学を含む懲戒処分としたが、医学部全学闘争委員会は処分撤回を求めて卒業式を中止に追い込み、同年6月15日には安田講堂を占拠した。これに対して大河内一男総長は、機動隊に安田講堂を占拠した学生の排除を要請した。この措置をめぐって学生は強く反発し、大河内は辞職した。

　その後、東京大学の大学紛争はさらに混迷し、学長代行となった加藤一郎は、1969（昭和44年）年1月、安田講堂を封鎖占拠する学生の排除を機動隊に要請した。同年1月18日から19日にかけての35時間に及ぶ機動隊との激しい衝突の末に籠城した学生は抵抗を止め、安田講堂は解放された。東大安田講堂事件では377名の学生が逮捕され、そのうち80名を超える東大生が起訴された。しかし、この事件以後も大学秩序の回復

写真11-1　安田講堂での占拠学生と警察機動隊の攻防
（写真提供　共同通信社／ユニフォトプレス）

コラム 「只今, 学生を教育中」

1968年11月4日, 東大紛争の中で林健太郎文学部長が173時間にわたって学生に軟禁されるという事件が起こった。機動隊の指揮をとった佐々淳行は, 林学部長救出のための経緯を次のように記述した。「五日の晩から革マル派指導部は林夫人に着替えや身のまわり品の差入れを許すことになった。警備部としてはこの機会に差入れの中にメモを忍ばせて『機動隊が救出しますので, 救出後不法逮捕監禁罪の被害者調書作成に御協力下さい』と, 御本人の意思確認をした上で強行救出をやろうと考えた。(中略) やがて林文学部長の返事だというメモが私の手元に届いた。みると,『安田講堂など東大封鎖解除のための機動隊要請に賛成。私の救出のための出動, 無用。只今, 学生を教育中』とある。メモを読んだ人々の心を感動が揺さぶる。偉い人だね, これは…。」(佐々淳行『東大落城—安田講堂攻防七十二時間』文藝春秋, 1993年)

は順調には進まず, 1969年度の東京大学の入学試験は中止された。

　安田講堂の封鎖解除によって, 東大紛争は徐々に落ち着きを見せたが, 大学紛争は全国の大学に広がっていった。多くの大学のキャンパスにはバリケードが築かれ, アジ演説[4]が繰り返された。警察庁のまとめでは, 1968年に大学施設の封鎖や占拠が行われた大学は計31校であり, 1969年には149校に増加した。また, 東京教育大学 (現在の筑波大学) でも体育学部を除いて, 1969年度の入学試験が中止された。

---

4)　闘争への参加・決起を促すための演説で, アジはアジテーション (扇動) の略である。「我々はァ～」と絶叫調で切り出し,「粉砕」「要求貫徹」といった言葉が繰り返されることに特徴がある。

(3) 大学紛争の背景

　大学紛争は必ずしも日本特有のものではなかった。1968年には，フランスのパリ大学の学生の反乱をきっかけに「五月革命」が起き，アメリカのコロンビア大学では，ベトナム戦争反対を主張する学生が大学を封鎖占領するという事態が起きていた。

　しかし，日本での大学紛争の背景には，戦前から継続するマルクスニズム（共産主義）の影響があったことは否定できない。また，1966年から展開された中国の文化大革命の影響も大きかった。大学紛争の主導権を握った左翼学生にとって毛沢東（もうたくとう）はカリスマ的な存在であり，毛沢東の説く「造反有理（ぞうはんゆうり）」（謀反にこそ正しい道理がある）は，大学紛争の暴力を正当化するスローガンとなった。東京大学の正門には，毛沢東の肖像とともに「造反有理」の立て看板が掲げられた。

　それに加えて，大学紛争の背景には，1960年代の学生数の急激な増加と大学の大衆化という社会構造上の問題があった。1960（昭和35）年から1967（昭和42）年までの間に，大学数は245校から369校へと増加し，学生数も約67万人から約116万人へと急増した。

　小熊英二（おぐまえいじ）は，大学紛争の背景を理解するためには，①高度経済成長による都市への人口集中と農村の過疎化，進学率の急上昇やベトナム戦争などの時代状況が若者に与えた影響，②幼少期には高度成長期以前の社会に育ち，青年期には高度経済成長の爛熟期に生きた「団塊の世代」が経験した幼少期と青年期の生活・文化・教育のギャップと彼ら自身の「とまどい」，③日本が高度経済成長によって先進国に変貌していく状況の中で，当時の若者たちが感じたアイデンティティの不安・未来への閉塞感・リアリティの希薄さといった「現代的不安」，つまりは社会の激変が，若者たちをどんな心理的状況に追い込んでいたのかという観点への注目が必要であると述べている[5]。

5）　小熊英二『1968〈上〉─若者たちの反乱とその背景─』（新曜社，2009年）

また小熊は，1960年代の教育状況がこうした背景を2つの意味で支えたと指摘した。1つは，彼らが「戦後民主主義」の理念を内面化していればいるほど，眼前で起こっている受験競争や学校の姿は，現実の政治が「戦後民主主義」の理念を裏切っていると見えたことである。そのため彼らにとっては，「戦後民主主義」それ自体が「欺瞞」に映ることになるが，同時にそれは自らに形成され，内面化している価値観をも「欺瞞」とするアンビヴァレンスを含んでいた。

　2つ目は，受験競争が学校・教師に象徴される「体制」への反感を植えつけたというものである。その意味では，各大学での学費の値上げや学生会館の管理権問題は，あくまでも「契機」に過ぎなかったということになる[6]。とりわけ，「戦後民主主義」を標榜し，「体制」への批判を説いてきた多くの大学（教授）が，大学紛争に直面した際には，「体制」側である機動隊に事態の収拾を委ねたことは，学生にとってはこの上なく「欺瞞」と映ったのである。

3. 大学紛争から大学改革へ

(1)「大学の運営に関する臨時措置法」の制定

　東京大学，東京教育大学，日本大学等をはじめとして全国に広まった大学紛争に対して，文部大臣は事態の収拾と要因の究明，大学教育の正常な実施を保障する方策を検討するために，1968年11月に中央教育審議会に対して「当面する大学教育の課題に対処するための方策について」を諮問した。これを受けた中央教育審議会は，大学紛争の要因，大学教員のあり方，大学管理者の役割と責任，政府の任務，学生の地位と役割等について検討した。その上で中央教育審議会は，1969（昭和44）年4月，特に行政措置のみでは十分な効果を期待し得ない事項については，

---

[6] 小熊同上書

> **コラム**　「安田トリデ籠城記〈全共闘学生座談会〉」
>
> 　1969（昭和44）年3月号の『文藝春秋』に掲載された学生の座談会では，次のような会話が交わされている。
>
> B　：民青よりひどいのが，東大の教官だな。
> 一同：異議なし！（中略）
> E子：林健太郎は，筋が通っているから，それなりに偉いよ。こっちに都合のいいこといわないもの。右顧左べんしないところ，敵ながらアッパレ。
> C　：あとは，たいていぶん殴ってやりたいのばかし。
> A　：ほんとだ，ほんとだ。ことにいわゆる進歩的文化人な。いつもは非武装中立論なんかで書いて稼いどいてサ，テメエの学校に問題がおこったら，さっさと学校側について警察の力を借りてやがる。非武装中立でなんとか解決してみたらどうだ。（笑）

最小限度の立法措置が必要であるという答申を文部大臣に提出した。

　この答申を受けて，国会は1969年8月3日に「大学の運営に関する臨時措置法」を5年の時限立法として成立させ，同法は同8月17日に施行された。この法律は，大学による自主的な紛争収拾のための努力を助けることを主眼としたものであったが，大学の自治能力が失われるような事態に陥った場合には，設置者が教育研究機能を停止する措置を取り得ることを定めたものであった[7]。

　同法の制定には批判と反発があり，制定直後には大学紛争校の数も一

---

7) 前掲書『学制百年史（記述編）』

時は増加したが，次第に収束して鎮静化へと向かっていった。そこには，過激派学生のエスカレートする行動が世論の厳しい眼に晒されたことや，大学当局が深刻な事案に対しては，警察の力で暴力を排除する姿勢をとったことが大きな要因であった。同年12月以降，大学紛争の件数は大幅に減少していった。

（2）大学改革の模索

　大学進学率の上昇による高等教育の急激な膨張が大学の大衆化をもたらし，伝統的な大学のイメージとはかけ離れた状況を招来した。このことも大学紛争の大きな要因であった。また科学技術の革新と高度経済成長による社会の変貌は，これまでの伝統的な大学のあり方に抜本的な変革を求めるものであった。

　ところが，大学の教育・研究体制と管理・運営体制は旧態依然としたままであり，大学を取り巻く社会と国民意識の変化に的確に対応することができないままであった。もちろん，大学紛争には，その担い手となった「団塊の世代」の成育歴などの様々な要因が複合的に関連している。そのため，その責任の全てが大学制度の問題として集約されるべきではなく，一部学生の過激な暴力行為も容認されるべきではない。しかし，少なくとも大学紛争の拡大と長期化，そしてその収拾をめぐる混乱と混迷の責任は，大学の教育・研究体制と管理・運営のあり方と無関係であったとは言えない。

　1971（昭和46）年の中央教育審議会の答申「今後における学校教育の総合的な拡充整備のための基本的施策について」（「四六答申」）は，これまでの高等教育に対する考え方や制度的枠組みが，高等教育の大衆化と学術研究の高度化の要請，高等教育の内容に対する専門化と総合化の要請などといった高等教育全体にわたる新たな要請に対応できなくなっ

たと指摘した。その上で答申は、高等教育の開放、高等教育機関の規模と管理・運営体制の合理化、教員の人事制度、処遇の改善、私立の高等教育機関に対する国の財政援助の充実及び高等教育計画の樹立等の具体的な改革の提案を行った。

(3) 高等学校の学園紛争

　大学紛争の波は高等学校にも押し寄せ、各地の高等学校で学園紛争が頻発した。民青系や反民青系はともに大学生だけでなく高校生による運動の組織化にも力を入れていた。警察庁のまとめでは、1969（昭和44）年の高校生による学校封鎖は75校、警官の出動は12都道府県で行われ、検挙された生徒数は78人となっている。1970（昭和45）年の卒業式では、全国の354校の高等学校で学園紛争が起きている。

　学園紛争では、学校当局に生徒の要求を突き付けることが一般的であり、その内容は、「処分反対」「掲示・集会の許可制反対」「試験制度反対」「カリキュラム編成の是認」「政治活動の是認」などであった。その多くは大学紛争を模倣したものであったが、高校生たちを学園紛争へと突き動かした心情としては、受験体制に組み込まれた学校生活への不満があったと言える[8]。

　文部省は、1969年10月31日に「高等学校における政治的教養と政治的活動について」を通知した。この通知は、高校生が違法な政治的活動に参加したり、学校の授業の妨害、あるいは学校を封鎖する行為に対しては、必要によって警察の導入も含めた厳しい措置をとる必要があるとした。また、「このようなことを未然に防止するとともに問題に適切に対処するためには、平素から教育・指導の適正を期することが必要であるが、特に高等学校教育における政治的教養を豊かにするための教育の改善充実を図るとともに他方当面する生徒の政治的活動について適切な指

---

[8]　菱村幸彦『戦後教育はなぜ紛糾したのか』（教育開発研究所、2010年）

導や措置を行う必要がある」とした。大学紛争が終息へと向かう中で，この通知以降，高等学校の学園紛争もまた徐々に鎮静化していった。

（4）大学紛争後の学生運動

ところが，大学紛争が鎮静化へと向かう一方で，新左翼[9]の一部は武装化の動きを強めていった。なかでも武力革命を掲げた赤軍派は，大学紛争が終結に向かって以降も過激な行動を繰り返し，各地の警察署や交番を襲撃するとともに，国際反戦デーでは手製爆弾を使用した事件を起こした。また，1970（昭和45）年3月には日本航空機乗っ取り事件を起こし，犯人達は朝鮮民主主義人民共和国（北朝鮮）に亡命した（「よど号ハイジャック事件」）。

さらに赤軍派は，同年7月に革命左派と合体して連合赤軍を結成し，山岳での軍事訓練を敢行した。翌1972（昭和47）年2月に長野県軽井沢町の「あさま山荘」に人質を取って立て籠もり，10日間にわたる機動隊との銃撃戦の末，5人が逮捕された（「あさま山荘事件」）。これによって人質は無事に解放されたが，10日間に延べ約3万5,000人の警察官が動員され，警視庁の幹部2人が被弾して殉職した。

「あさま山荘事件」で5人が逮捕された2月28日，NHKは10時間以上にわたって機動隊と犯人の攻防を生中継した。平均視聴率は50.8％を記録し，犯人逮捕の時間帯でのNHK・民放各社を合わせた視聴率は89.7％となった[10]。国民はこうした過激派の実態を目の当たりにすることで，大学紛争の延長でもある過激な学生運動にさらに厳しい眼差しを注いでいった。

「あさま山荘事件」の後，連合赤軍による仲間内での凄惨なリンチ殺

9） 1960年代に急進的な革命を志向した左翼的な政活運動や政治勢力のことを指す。既成政党を戦わない左翼と批判し，急進的な革命を志向し過激な直接行動を肯定したため「新左翼」と呼ばれた。
10） 読売新聞昭和時代プロジェクト編『昭和時代——戦後転換期』（中央公論新社，2013年）

人が明らかとなり，群馬県榛名山の山中などから合計14名の遺体が発見された。1970年代に入ると中東に渡った赤軍派のメンバーは「日本赤軍」を旗揚げし，海外で数々のテロやゲリラ事件を引き起こしていった。なかでも1972（昭和47）年5月の「テルアビブ空港乱射事件」では無差別な銃撃を行い，一般市民を含めて100人以上の死傷者を出した。

（5）「フォークゲリラ」と『いちご白書をもう一度』

大学紛争が高まりを見せる中で，毎週土曜日の夕方，新宿駅西口の地下広場にはフォークソングを歌う若者たちが集うようになった。「フォークゲリラ」と呼ばれた運動は次第に拡大し，1969年1月の東大安田講堂事件の後は，全共闘の若者達も参加するようになり，見ず知らずの若者同士が歌い話し合う光景が終電まで続いた。

しかし，大学紛争が鎮静化して以降は，若者達の関心も徐々に政治から遠ざかり，大学や学生達の間にはある種の虚無感が漂っていった。例えば，1975（昭和50）年にヒットした荒井由美（松任谷由美）作詞の『いちご白書をもう一度』は，こうした学生達の心象風景を織り交ぜて表現されている。

写真11-2　フォークゲリラ
（写真提供　共同通信社／ユニフォトプレス）

> 『いちご白書をもう一度』　　（作詞・作曲：荒井由実，歌：バンバン）
>
> いつか君と行った　映画がまた来る
> 授業を抜け出して　二人で出かけた
> 哀しい場面では　涙ぐんでた
> 素直な横顔が　今も恋しい
> 雨に破れかけた　街角のポスターに
> 過ぎ去った昔が　鮮やかによみがえる
> 君もみるだろうか「いちご白書」を
> 二人だけのメモリー　どこかでもう一度
>
> <u>僕は無精ヒゲと　髪をのばして</u>
> <u>学生集会へも　時々出かけた</u>
> <u>就職が決って　髪を切ってきた時</u>
> <u>もう若くないさと　君に言い訳したね</u>
> 君もみるだろうか「いちご白書」を
> 二人だけのメモリー　どこかでもう一度
>
> 　　　　　　　　　　　　　　　　　　　（下線は筆者）

　『いちご白書』は，アメリカ人作家ジェームズ・クネン（James Simon Kunen）が執筆したノンフィクションである。コロンビア大学で起きた1966年から1968年までの学生運動を題材としたもので，1970年に映画化された。1975年に発表された『いちご白書をもう一度』での映画のリバイバルを観るという歌詞の設定では，［僕は無精ヒゲと　髪をのばして　学生集会へも時々出かけた　就職が決って髪を切ってきた時　もう若くないさと　君に言い訳したね］と歌い上げられた。

　実際に大学紛争に参加した多くの学生達は，鎮静化していく学生運動への虚脱感を抱えながらも大学を卒業し就職していった。「反体制」を

掲げた学生運動の戦士が, いつしか体制側の「企業戦士」へと変貌したと言われるのは少し後のことである。

　大学紛争によって表面化した高等教育の課題は, 義務教育段階で顕在化した「教育荒廃」への対応とも重なって, 新たな教育改革への段階へと進んで行くことになる。その起点となり, その後の教育改革に大きな役割を果たしたのが, 1984 (昭和59) 年に設置された臨時教育審議会である。

参考文献

文部省『学制百二十年史』(ぎょうせい,1992年)
小熊英二『〈民主〉と〈愛国〉―戦後日本のナショナリズムと公共性』(新曜社,2002年)
小熊英二『1968〈上〉―若者たちの反乱とその背景―』(新曜社,2009年)
菱村幸彦『戦後教育はなぜ紛糾したのか』(教育開発研究所,2010年)
水原克敏『学習指導要領は国民形成の設計書―その能力観と人間像の歴史的変遷―』(東北大学出版会,2010年)
森川輝紀・小玉重夫編『教育史入門』(放送大学教育振興会,2012年)
読売新聞昭和時代プロジェクト『昭和時代―戦後転換期―』(中央公論新社,2013年)
山田恵吾編『日本の教育文化史を学ぶ―時代・生活・学校―』(ミネルヴァ書房,2014年)

学習課題

(1) 大学紛争の背景を「団塊の世代」の辿った歴史と関連させて説明できるようにしよう。
(2) 「60年安保」闘争と大学紛争との違いについて説明できるようにしよう。
(3) 大学紛争の観点から戦後日本の高等教育の課題について考えてみよう。

12 | 臨時教育審議会と生涯学習

《目標＆ポイント》 高度経済成長以後の社会変化がもたらしたライフスタイルが子どもの生活に及ぼした影響について検討する。また，1984（昭和59）年の臨時教育審議会設置の経緯を整理しながら，4つの答申の内容について検討し，臨時教育審議会がその後の教育改革に果たした役割と評価について，特に「自由化」論議と生涯学習体系の観点から考察する。

《キーワード》 「活字離れ」『危機に立つ国家』，「戦後政治の総決算」，「自由化」論，臨時教育審議会，「生涯学習体系への移行」，「個性重視の原則」，「生涯学習の振興のための施策の推進体制等の整備に関する法律」，単位制高等学校，初任者研修制度

1．高度経済成長以後の社会と子ども

（1）ライフスタイルの変化

　高度経済成長が終焉を迎え，「大衆教育社会」が成立した1970年代半ばを転換期として，日本の社会状況は大きく変容した。1975（昭和50）年には第3次産業就業人口が過半数を越え，重工業中心の社会からポスト産業社会へと移行した。それとともに，人々の生活は，生産中心のライフスタイルから消費中心のライフスタイルへと変化し，日常生活における消費の比重が飛躍的に増大した。さらに，高度情報化社会の出現によって，文字中心の知識よりも映像中心の情報が生活の中に浸透していった[1]。

1）　高橋勝『文化変容のなかの子ども—経験・他者・関係性—』（東信堂，2002年）

1975年にはカラーテレビの普及率が90％近くとなり，翌1976（昭和51）年には戦後生まれが人口の過半数に達し，国民の約9割が自らを「中流」と意識するようになった[2]。1970年代半ばからは，コンビニエンスストア（コンビニ）が全国各地に急速に広がり，ファスト・フード，ファミリーレストランなど外食産業も急成長した。また，インスタント食品の急速な拡大と浸透は，日本人の食生活と家族の変化を象徴した。

　核家族化が進む中で，1975年には子どもの数が減少し始め，婚姻率が戦後最低となる一方で，離婚件数は過去最高の約11万9,000件に達した。物質的な豊かさを背景に，家族の成員それぞれが自身のライフスタイルを追求するようになり，家族の「個人化」が進展していった。1970年代後半以降，子ども部屋を持つ世帯が増加し，子ども部屋を与えられる時期も年を追うごとに低年齢化していった。一家に1台であったテレビの数は徐々に増え，子ども達は自分の部屋にこもって1人でテレビを見るようになった。それに伴い，仕事や習い事で家族の成員それぞれの生活時間がバラバラとなり，「孤食」の子ども達が全国に広がった[3]。

　また，情報化社会の進展に伴うコンピューター産業の成長は，子ども達の文化に画期的な変化をもたらしていった。1979（昭和54）年にはインベーダー・ゲームがブームとなり，ソニーのヘッドフォンステレオ「ウォークマン」で，音楽を聞きながら行動する若者が一種の社会現象となった。1983（昭和58）年には任天堂が家庭用テレビゲーム機ファミリーコンピューター（ファミコン）を発売し，「スーパーマリオブラザーズ」や「ドラゴンクエスト」（ドラクエ）シリーズといったファミコンのゲームソフトに子ども達は熱狂した。この年，千葉県浦安市に東京

---

2)　しかし，暉峻淑子は，こうした「中流」意識をもたらした「豊かな社会」の現実は，長時間労働，サービス残業，長距離通勤とラッシュアワーなどに支えられたものであり，人々は「うさぎ小屋」と揶揄される狭隘な家に住み，「エコノミック・アニマル」と称せられる猛烈な労働による結果であったと指摘した。（『豊かさとは何か』岩波新書，1989年）
3)　江藤恭二監修『新版　子どもの教育の歴史』（名古屋大学出版会，2008年）

写真12-1　ゲームに熱中する子ども
（写真提供　共同通信社／ユニフォトプレス）

ディズニーランドが開園したのを皮切りに，同年7月に長崎オランダ村が開業し，1983年は「テーマパーク元年」と称された。

　しかし，こうした情報化の進展による遊びの変化に反比例して，子ども達の読書に対する関心や意欲は急速に衰え，いわゆる「活字離れ」が問題視された。1984（昭和59）年末にはマンガ雑誌『週刊少年ジャンプ』（集英社）の売り上げが400万部を突破し，1988（昭和63）年末には500万部を超えた。この間，『キン肉マン』や『北斗の拳』，『キャプテン翼』，『ドラゴンボール』などが子ども達の間で大人気となったが，これも「活字離れ」と表裏の関係にあった。子ども達の「活字離れ」は，1990年代以降の携帯電話やインターネットの普及により，一段と深刻さを増していった。

（２）「新しい子どもたち」の登場

　情報化の進展とともに，消費中心のライフスタイルの浸透は，個人の欲望（ニーズ）を満たすことに価値がおかれた。諏訪哲二は，1960年頃までを農業社会的近代，1970年代半ばまでを産業社会的近代，そしてそれ以降を消費社会的近代と位置づけ，特に1980年代に入ってから，高度情報消費社会を背景とする「新しい子どもたち」が登場したと述べた。諏訪によれば，消費社会では家庭生活のすべてがお金でまかなわれるようになり，家庭の経済力もついて子どもも「ものを買う者」（消費主体）として自立していく。消費主体として子どもと大人との差異はなくなり，商品交換的な発想や考え方が強くなったとされる[4]。

　商品交換的な発想や考え方が染みついた「新しい子どもたち」は，自分の好みや欲望に合わないものは受けつけず，自分の価値基準を絶対視し，幼稚な全能感を残したまま自己を「特別」だと意識する。高度情報消費社会の進展によって，豊かさと便利さを手に入れたことで，子どものみならず多くの人々が私生活優先となり，これが公教育の場である学校のあり方と学校に対する視線を大きく変えていった。

　こうした中では，学校・教師は教育「サービス」の提供者と位置づけられ，サービスの受け手（顧客）である子どもや保護者のニーズを満たすことが求められた。その傾向は，「教師＝子どもの支援者」という考え方が広まった1990年代以降はより顕著になっていった。諏訪の指摘する「新しい子どもたち」とは，「団塊の世代」の子ども達の世代であった[5]。

4）　諏訪哲二『オレ様化する子どもたち』（中央公論新社，2005年）
5）　諏訪は次のように述べている「1980年代に入って，勤務していた高校で急に生徒指導がうまくいかなくなった。子供が変わったと感じ，挫折感を味わった。（中略）一人ひとりが悪気なく悪事をするようになった。不良の時代から非行の時代に入った。その後，中学校で陰湿ないじめが出てくるようになった。（中略）戦中派が自由に育てたのが団塊の世代で，その子供たちが高校に入ってきた時期だった。生徒に問題があって親を学校に呼んでも，親は謝らずに文句を言う。本音で生きる時代になったとも言える」（読売新聞昭和時代プロジェクト『昭和時代——一九八〇年代—』（中央公論新社，2012年））

2. 臨時教育審議会と教育改革

(1) 臨時教育審議会の発足

　高度経済成長が終息した後，1970年代末から1980年代初頭にかけて，日本の財政は危機的な状況となった。1981（昭和56）年に第2次臨時行政調査会（以下，臨調と略）が発足し，「増税なき財政再建」を掲げて公共事業費の抑制，許認可事務の整理・統合，日本国有鉄道などの分割や持ち株会社の実現といった歳出抑制策を中心とした財政合理化案を打ち出していった。

　しかし，臨調の進めた「増税なき財政再建」に対して，財界を中心に「小さな政府」論が強まり，自主性，自主・自律，自由競争への構造転換が求められていった。それは，イギリスのサッチャー政権やアメリカのレーガン政権で進められていた規制緩和や民営化の新保守主義的，新自由主義的な潮流とも連動するものであった。特にアメリカでは，1981年に教育庁長官の諮問機関において学校教育に関する審議が行われ，1983年に『危機に立つ国家──教育改革への至上命令』（A Nation at Risk）が報告書としてまとめられた。この報告書に基づき，アメリカでは中等教育を中心に抜本的な改革が進められていった。

　1982（昭和57）年11月，中曽根内閣が発足した。中曽根康弘は，「戦後政治の総決算」を掲げて臨調路線に基づく行財政改革を進める一方，1984（昭和59）年8月に内閣総理大臣の諮問機関として臨時教育審議会（会長は岡本道雄）を設置した。内閣総理大臣直属の審議機関は，戦後では教育刷新委員会の例があったが，その後は中央教育審議会が教育改革の中心となっていた。臨時教育審議会の設置は，文部省の枠を越えて，政府全体の責任で長期的な展望から教育改革に取り組むことを意味していた。

写真12-2　臨時教育審議会の設置
（写真提供　共同通信社／ユニフォトプレス）

　臨時教育審議会の教育改革は，1872（明治5）年の学制改革，第二次世界大戦後の戦後教育改革に次ぐ，「第三の教育改革」と位置づけられた。そもそもこれは「四六答申」の際に掲げられたスローガンであった。しかし，改めて「第三の教育改革」が標榜された背景には，「四六答申」が示した政策提言が十分に実現されなかったという評価に基づいていた。
　例えば，臨時教育審議会の委員であった黒羽亮一（くろはりょういち）は，「四六答申」について，「高等教育については新構想大學の設置などが行われ，教員の待遇改善については教員人材確保法[6]の成立をみたりしたが，その初等中等教育の制度と内容の改革はほとんど着手されなかった」[7]と指摘している。たしかに，「四六答申」が提言した6・3・3制の学校体系を見直すための議論は，その後は進展していなかった。そこには，「四六答申」が大学紛争の過熱した中で提出されたために，教育行政が大学紛争の対応に追われたという事情も影響していた。

6）　1974年2月に成立した「学校教育の水準の維持向上のための義務教育諸学校の教育職員の人材確保に関する特別措置法」のことである。同法の目的は，教員の給与を一般の公務員より優遇することを定め，教員に優れた人材を確保し，もって義務教育水準の維持向上を図ることを目的とすることにある。
7）　黒羽亮一『臨教審―どうなる教育改革』（日本経済新聞社，1985年）

(2) 臨時教育審議会の答申

　1984年8月7日，国会で「臨時教育審議会設置法」が可決成立し，同8日公布，同21日に施行された。同法において臨時教育審議会の設置目的は，「社会の変化及び文化の発展に対応する教育の実現の緊要性にかんがみ，教育基本法の精神にのっとり，その実現を期して各般にわたる施策につき必要な改革を図ることにより，同法に規定する教育の目的の達成に資する」（第1条）こととされた。臨時教育審議会はまず，「高度経済成長の負の副作用」として主に次の点を指摘した。

① 物質的・人間的環境の変化・破壊の結果，自然との触れ合いの喪失，直接体験の減少，実生活体験と学校教育の分離，頭脳・身体を補う便利が増大し，本来人間が持っていた資質が退行し，幼稚化し，モラトリアム人間化していること。
② 豊かな社会は，貧しさ，不便さ，抑圧，不平等などの逆境をなくし，自立心，自己抑制力，忍耐力，責任感，連帯感，思いやりの心，感謝の気持ち，祖先への尊敬，自然・超越的なものへの畏敬の心，宗教心などを衰退させてしまったこと。
③ 近代工業文明は，家庭・地域社会の人間関係を崩壊させ，ばらばらの個人と大衆社会化状況を造り出して，価値意識の多様化，相対化，伝統的社会規範の弱体化，社会統合力の低下等の事態を現出したこと。

　以上の点を踏まえ，臨時教育審議会は1987（昭和62）年までに4つの答申を行った。臨時教育審議会の会議は，総会90回を含めて合計668回，公聴会は全国各地で14回を数え，団体・有識者からのヒアリングは483人に及んだ。また，臨時教育審議会での審議の経過は積極的に国民に公

開され，教育改革に対する国民的な関心と論議を喚起していった。1985（昭和60）年6月の臨時教育審議会第一次答申は，教育改革の基本方向と審議会の主要課題を検討し，具体的な改革として，①学歴社会の弊害の是正，②大学入学選抜制度の改革，③大学入学資格の自由化・弾力化，④6年制中等学校の設置，⑤単位制高等学校の設置について提言した。

1986（昭和61）年4月の第二次答申は，教育改革の全体像を明らかにしたものであり，①「生涯学習体系への移行」，②初等中等教育の改革（徳育の充実，基礎・基本の徹底，学習指導要領の大綱化，初任者研修制度の導入，教員免許制度の弾力化），③高等教育の改革（大学教育の充実と個性化のための大学設置基準の大綱化・簡素化等，高等教育機関の多様化と連携，大学院の飛躍的充実と改革，ユニバーシティ・カウンシルの創設），④教育行財政の改革（国の基準・認可制度の見直し，教育長の任期制・専任制の導入など教育委員会の活性化）などを答申した。

また，1987（昭和62）年4月の第三次答申は，「生涯学習体系への移行」のための基盤整備，教科書制度改革，高校入試の改善，高等教育機関の組織・運営の改革，スポーツと教育，教育費・教育財政のあり方などの提言を行い，同年8月の第四次答申は，文部省の機構改革（生涯学習を担当する局の設置等），秋季入学制について提言するとともに，第三次答申までの総括を行った。

第四次答申では，教育改革を進める視点として3点を示した。その第一は「個性重視の原則」である。答申は，教育の画一性，硬直性，閉鎖性を打破して，個人の尊厳，自由・規律，自己責任の原則を確立することを強く求めた。

第二は「生涯学習体系への移行」である。答申は学校中心の考え方を改め，「生涯学習体系への移行」を主軸とする教育体系への総合的再編成を図る必要があるとしている。その主眼は，学校教育のみで教育が完

結するかのような従来の考え方から脱却するとともに，人間の評価が形式的な学歴に偏っている状況を改め，学習は学校教育の基盤の上で各人の責任において自由に選択し，生涯を通じて行われるべきものであるとしている。そして，第三は「変化への対応」である。答申は特に，国際化・情報化などへの「変化への対応」が今後の社会において重要な課題であるとした。

(3) 「自由化」論をめぐる議論の展開

臨時教育審議会において注目されたのは，第一部会の提唱した教育の「自由化」論をめぐる議論であった。第一部会の委員には，「世界を考える京都座会」（座長は松下幸之助）のメンバーが含まれていた。

「世界を考える京都座会」は1984（昭和59）年3月，①学校の設立自由化と多様化，②通学区域の大幅緩和，③意欲ある人材の教師への登用，④学年制や教育内容・方法の弾力化，⑤現行の学制の再検討，⑥偏差値偏重の是正，⑦規範教育の徹底を提言していた。日本の「教育荒廃」の原因が教育制度の画一化と硬直化にあり，学校間・教師間の競争や親による学校選択の自由といった競争原理を導入することが必要であるという主張は，児童生徒の個性にふさわしい教育を実施することを目指した第一部会の教育の「自由化」論へとつながっていった。

例えば，第一部会の香山健一は，「今次教育改革で戦略的に重要なのは，教育行政改革による教育の自由化の断行」と主張し，①教育行政における各種規制の見直し，②教育分野への民間活力の導入，③学校の民営化・塾の合法化，④選択の自由の拡大と競争メカニズムの導入を強く主張した。こうした教育の「自由化」論はアメリカの経済学者フリードマン（Milton Friedman：1912-2006）の提唱する新自由主義思想に基づくもので，教育の分野で行政的規制を緩和し，競争原理を導入するこ

とによって，教育界の停滞と非効率性を打破することを意図したものであった[8]。

第一部会の教育の「自由化」論に対しては，臨時教育審議会の第三部会が異論を唱えた。臨時教育審議会の会長であった岡本道雄は，その反論の趣旨を以下のように整理している[9]。

①教育荒廃の原因を従来の学校教育の画一性，硬直化にのみ帰することは短絡である。それよりも原因は，戦後教育の主体であるアメリカの占領政策を基盤とした教育政策や占領教育思想にある。さらに重大なのは，日教組の教員の組合運動の影響である。
②経済理論のみで教育を論じるのは間違っている。特に新自由主義経済学者フリードマンの教育理論は，かつて一部を英国サッチャー政権も米国レーガン政権も取り入れたが，いまは廃止している。
③経済学では自由化が競争を生み，国を繁栄させえることが定説であっても，教育には強制も必要である。また競争のみでなく共存もあるなど，経済学とは違う教育固有のものがある。
④公教育や国民教育，義務教育をどう考えるか。これらには自由化になじまない強制があり，また文化伝統といった国民として必須のものもある。
⑤「自由」という言葉を用いたとき，これが自由勝手といった方向に流れると，現在の荒廃した教育に，火に油を注ぐ結果になるのではないか。少なくとも「自由化」という危険な言葉を使わず，「規制緩和」とか「個性を尊重する」などの言葉にしたらどうか。

こうした反論の中で，第一部会の提唱した教育の「自由化」論は，「個性主義」「個性重視」という表現へと改められていった。臨時教育審議

---

8) 菱村幸彦『戦後教育はなぜ紛糾したのか』（教育開発研究所，2010年）
9) 岡本道雄『立派な日本人をどう育てるか』（PHP研究所，2001年）

> **コラム**　　　　『窓ぎわのトットちゃん』
>
> 　1981（昭和56）年3月に女優でタレントの黒柳徹子が執筆した『窓ぎわのトットちゃん』（講談社）が刊行され，文庫本も含めると800万部を超える空前の売り上げを達成した。これは，校舎は古い電車，時間割は子どもの自由に任せるという私立小学校・トモエ学園（東京・自由が丘）で，主人公の筆者（トットちゃん）が，個性的に伸び伸びと学校生活を過ごしたノンフィクションである。受験競争が激化する中で，子どもの個性を尊重する学校のあり方が多くの人々を惹きつけたと言える。ちなみに，「窓ぎわ」とは，同書が出版された当時が，リストラ予備軍のサラリーマンのことを「窓際族」と呼び始めた時期であったこと。また，主人公がトモエ学園に転校する前に登校していた区立小学校で，チンドン屋さんを呼び込むために授業中に窓のところに立っていたことなどに由来するとされる。

会の答申が掲げた「個性重視の原則」という表現は，臨時教育審議会での特に第一部会と第三部会の見解の妥協の接点でもあったと言える。

3．臨時教育審議会と「生涯学習体系への移行」

　臨時教育審議会の第三次答申で提言された「生涯学習体系への移行」は，1966（昭和41）年の中央教育審議会答申「後期中等教育の拡充整備について」，1971（昭和46）年の「四六答申」や社会教育審議会答申「急激な社会構造の変化に対処する社会教育のあり方について」においてすでに提言されたものであった。

また，1981（昭和56）年の中央教育審議会答申「生涯教育について」は，生涯教育の観点から家庭教育及び社会教育の各分野を横断して教育を総合的に捉え，家庭教育の充実，初等中等教育における生涯教育の観点の重視，高等教育における成人の受け入れや，社会教育の推進など教育全般にわたって提案した。

　こうした生涯教育の考え方に影響を与えたのは，1965（昭和40）年，ユネスコの成人教育推進国際委員会で提唱されたラングラン（Langrand, Paul：1910-2003）の主張である。この英訳は，Life integranted educationであり，「生涯にわたって統合された教育」となる。教育の機会や機能を人間の誕生から死に至るまで全生涯にわたって統合していくことを理念とした生涯教育は，その後，1970年代のリカレント教育や継続教育として具体化されていった。これらは，教育と労働・余暇などの社会活動とを交互に行う施策であり，青年の社会参加を早めると同時に，労働経験が学習動機となって教育の成果をあげることを目指したものであった。

　臨時教育審議会の答申では，「生涯学習」という用語が用いられた。それは，そもそも学習とは，学習者が自由な意思に基づいて自分に合った手段や方法によって行うべきものであることを明確にしたためである[10]。また，臨時教育審議会は，学習を学校や社会の中で意図的・組織的に行われる活動のほか，スポーツ活動，文化活動，趣味・娯楽，ボランティア活動，レクリエーション活動などを含めたものと定義した。臨時教育審議会の答申以降，教育政策においては，「生涯学習」が一般に使用される用語となった。

10）　臨時教育審議会「審議経過の概要（その3）」（1986年1月）

4. 臨時教育審議会答申の実施と展開

(1) 教育改革推進大綱と制度改正

　四次にわたる臨時教育審議会の答申を受けて、政府は1987（昭和62）年10月の閣議において「教育改革に関する当面の具体化方策について―教育改革推進大綱―」を決定した。主な内容は、次のようなものである。

①生涯学習活動の振興や各種スポーツ活動の振興等を図るとともに、生涯学習体制を整備すること。
②道徳教育の充実等の教育内容の改善を図り、また初任者研修制度の創設等により教員の資質向上を図るとともに、各般の教育条件の整備に努めるなど初等中等教育の改革を進めること。
③大学審議会における審議を踏まえつつ大学改革の諸課題に取り組み、また大学の入試改革を進め、大学院の充実と改革を図るなど高等教育の改革を進めること。
④独創的、先端的な基盤研究の振興を図るとともに、民間との共同研究を推進する等の学術の振興を図ること。
⑤留学生の受け入れ体制の整備充実、情報活用能力の育成等の国際化や情報化に積極的に対応するための改革を進めること。
⑥文部省の機構改革を進めるとともに、教育財政において、教育改革を推進するために必要な資金の重点配分等財政上の配慮を行うなど教育行財政の改革を進めること。

　以上の基本方針に基づき、臨時教育審議会の改革提言を実現するための法律の制定や改正、政令や省令の改正が行われた。生涯学習関係では、

1988（昭和63）年7月，文部省に生涯学習局が設置されるとともに，都道府県の生涯学習体制の整備が進められ，1990（平成2）年6月に「生涯学習の振興のための施策の推進体制等の整備に関する法律」が制定された。

初等中等教育関係では，1988年3月に単位制高等学校が創設され，高校生等の海外留学の制度化，帰国子女等に関する高等学校等への入学・編入学機会の拡大が図られた。

また，1989（平成元）年度から教員新規採用後1年間の初任者研修制度が創設されるとともに，「教育職員免許法」の改正により教員免許状の種類及び免許基準が見直され，教員への社会人活用等の教員免許制度の改革が実施された。さらに教科書制度については，審査手続きの簡略化と検定基準の重点化・簡素化，検定・採択周期の延長などの措置が図られた。

高等教育関係では，1985年9月に文部大臣が指定する専修学校高等課程の修了者に対して大学入学資格を付与し，大学入学者選抜については，1990年度入学者選抜より国公私立大学が利用できる大学入試センター試験が実施された。

（2）臨時教育審議会の評価

2000（平成12）年度の『我が国の文教施策—教育白書—』（大蔵省印刷局，2000年）は，教育改革の視点として，心の教育の充実，子ども達一人ひとりの個性を伸ばし多様な選択ができる学校制度の実現，教育現場の自主性を尊重した学校づくりの促進，大学改革と研究振興の推進などを挙げた。そして，「現在進めている一連の教育改革では，基本的には臨時教育審議会の答申を受けて，その後の社会の変化などにも柔軟に対応しながら行っている」と述べ，臨時教育審議会の答申がその後の教

育改革の起点となっていると位置づけている。

　臨時教育審議会答申は，市場原理の自由化・競争・民営化を導入することで教育の活性化を図るという新自由主義的な考え方と，伝統文化とナショナリズムを強調して国家への帰属意識を高めようとする新保守主義的な考え方を基調としていた。ここでは，「小さな政府」論と文化的伝統主義とが共存することになるが，これに加えて教育の自由化と個性化，そして国際化が打ち出されるという複雑な内容となっていた[11]。

　そのため，臨時教育審議会の答申に対する評価は多様で幅のあるものとなっている。例えば，臨時教育審議会を設置した中曽根康弘首相は，臨時教育審議会による答申を「教育改革の哲学・思想がひ弱で柱となる基本方針がはっきりせず，本質論の弱い技術論が中心の寄せ集めの結論」となり，「中途半端に終わった」と評価している[12]。

　また，臨時教育審議会の会長を務めた岡本道雄も「臨時教育審議会では教育の自由化について，理念の検討に入らず，むしろ学校制度の自由化の具体的事項を明示し，それに対する功罪を議論するという方向に流れてしまった。その賛否を問うなかで，『自由化』という言葉が独り歩きを始め，それ自身が大きな反発を招く結果になってしまった」[13]と振り返った。

　もともと中曽根には，「教育基本法」の改正が念頭にあったが，それを阻止したい野党は「臨時教育審議会設置法」案の国会提出の条件に「教育基本法の精神にのっとり」という文言を明記することを強く要求した。国鉄（現在のＪＲ）の民営化などの重要法案を抱えた政府はこの要求を呑まざるを得ず，「臨時教育審議会設置法」では「教育基本法」の遵守が規定された。臨時教育審議会の教育改革の基本方針ははっきり

---

11)　水原克敏『学習指導要領は国民形成の設計書―その能力観と人間像の歴史的変遷―』（東北大学出版会，2010年）
12)　中曽根康弘『日本人に言っておきたいこと―21世紀を生きる君たちへ』（PHP研究所，1998年）
13)　岡本前掲書『立派な日本人をどう育てるか』

せず,「中途半端に終わった」という中曽根の評価は,この点と無関係ではない。

たしかに,臨時教育審議会答申が提言した「生涯学習社会への移行」は,1981年6月の中央教育審議会答申「生涯教育について」の焼き直しと言えるものであり,6年制中等学校の設置を除いては臨時教育審議会の議論は学制改革に踏み込むことはなかったのも事実である。ただしその一方で,臨時教育審議会が国民の幅広い関心を刺激し,活発な教育論争を喚起したことも否定できない。また臨時教育審議会においては実現できなかった施策が,その後の教育改革の過程で達成されたものも少なくない。例えば,教育の「自由化」論議で示された内容は,1997(平成9)年の学校の通学区域の自由化(学校選択制)として実現された。

また,臨時教育審議会によって,それまでの「文部省対日教組」という二項対立的枠組みは色褪せ,教育政策の立案は,官邸主導・政治主導となっていった。同時にそれは,日教組の退潮を加速させる要因ともなった。

1980年代以降の教育改革の動向と理念を考察するにあたって,臨時教育審議会が提言した教育改革の視点を改めて検討することは重要である。言い換えれば,1980年代の教育改革に対する評価は,戦後日本教育史の中に臨時教育審議会をどのように位置づけるかという課題と不可分であると言える。

参考文献

文部省『学制百二十年史』(ぎょうせい,1992年)
市川昭午『臨教審以後の教育政策』(教育開発研究所,1995年)
渡部蓊『臨時教育審議会—その提言と教育改革の展開—』(学術出版会,2006年)
貝塚茂樹『道徳教育の教科書』(学術出版会,2009年)
菱村幸彦『戦後教育はなぜ紛糾したのか』(教育開発研究所,2010年)
水原克敏『学習指導要領は国民形成の設計書—その能力観と人間像の歴史的変遷—』(東北大学出版会,2010年)
小川正人・岩永雅也『日本の教育改革』(放送大学教育振興会,2015年)
山田恵吾編『日本の教育文化史を学ぶ—時代・生活・学校—』(ミネルヴァ書房,2014年)
読売新聞昭和時代プロジェクト『昭和時代——一九八〇年代—』(中央公論新社,2016年)

学習課題

(1) 高度経済成長以後の社会変化と子ども文化の特徴について説明できるようにしよう。
(2) 臨時教育審議会の4つの答申の主な内容を「四六答申」などとの関連も踏まえて説明できるようにしよう。
(3) 臨時教育審議会答申の歴史的な役割と評価について考えてみよう。

13 「生きる力」と教科書問題

《目標＆ポイント》 1980年代以降のいじめ問題や不登校などの状況を踏まえながら，『平成元年版学習指導要領』と『平成10年版学習指導要領』が掲げた理念と内容の意味について歴史的な観点から考察する。特に，「新しい学力観」と「生きる力」が目指した目的と内容について検討する。また，1980年以降，諸外国からの批判を受けて，国内外で大きな議論となった教科書問題の経緯を整理することで，その問題点と課題について検討する。

《キーワード》 いじめ，不登校，「新しい学力観」，「生きる力」，「総合的な学習の時間」，「人間中心カリキュラム」，教科書検定制度，「教科書誤報事件」，「近隣諸国条項」

1.「教育荒廃」の深刻化

(1) いじめ問題の顕在化

1970年代後半から顕著となった「教育荒廃」は，1980年代に入るとより深刻となっていった。家庭内暴力も増加傾向となり，1983（昭和58）年には1,397件とピークを迎えた。なかでも，1980（昭和55）年11月に川崎市在住の予備校生が就寝中の両親を金属バットで撲殺した事件（金属バット両親殺害事件）は，社会を震撼させた。この背景には，受験競争の激化によって，1980年代から浪人生が増加傾向にあり，1984（昭和59）年度には20万人を超える状況にあったことなどが影響していたと指摘された[1]。

校内暴力が増加する一方で，非行は低年齢化し，1981（昭和56）年に

---

[1] 当時，一年の浪人を意味する「一浪」は，「ひとなみ（人並）」と読ませ，一年の浪人がごく普通のことであるということを表現した。

検挙された者のうち約半数は中学生が占めた。1982（昭和57）年8月にNHKが実施した「中学生・高校生の意識調査」によると，「学校の先生に殴られたことがある」と答えた生徒は，中学生で約31％，高校生で約41％であり，「先生を殴ったことがある」と答えた生徒は，中学生で約1％，高校生で約2％だった。また，「先生を殴ってやりたいと思ったことがある」と答えた生徒は，中学生約22％，高校生では約33％にのぼった[2]。

校内暴力の背景には，暴走族などの関与もあった。1982年の『警察白書』は，「校内粗暴集団の背後には，悪質な校外粗暴集団」があるとし，暴力団を模倣したピラミッド型の組織が校内暴力に関与しているケースがあると指摘した。1981年11月末時点で警察が把握していた暴走族の数は全国で770グループであり，4万人を越えて過去最高となっていた。

文部省は，1983（昭和58）年3月に緊急に全国の中学校の総点検をするなどの各種の対策を各都道府県に通知した。こうした対策によって校内暴力は徐々に鎮静化へと向かったが，それと反比例するように，今度はいじめが大きな社会問題となっていった。

1986（昭和61）年2月，東京都中野区の中野富士見中学校2年の男子生徒が，盛岡駅前のデパート地下の公衆トイレで首を吊って自殺しているのが発見された。岩手県はこの生徒の父親の故郷であった。自殺の原因は学校でのいじめであり，遺書には「俺だってまだ死にたくない。だけどこのままじゃ『生きジゴク』になっちゃうよ」と書かれていた。また，同級生のみならず担任の教師までもが加わって男子生徒の「葬式ごっこ」をやり，「追悼」の寄せ書きまで作製したという状況が明らかとなるにしたがって，いじめへの関心は高まっていった。

1990年代に入ってからも，いじめ問題は解決の兆しが見えず，深刻さを増していく。1993（平成5）年1月には山形県新庄市で，中学校1年

---

[2] 読売新聞昭和時代プロジェクト『昭和時代——一九八〇年代——』（中央公論新社，2016年）

生の男子生徒がいじめを受け,体育館収納室のマットに包まれて窒息死するという事件が起きた(山形マット死事件)。また,1994(平成6)年11月には,愛知県西尾市の中学校2年の男子生徒がいじめを苦に首つり自殺する事件が起き,文部省は全国の公立学校などに対して「いじめの総点検」を通知した。

校内暴力などの逸脱行動とは異なり,いじめは可視性(visibility)が低く,その実態を把握することが非常に困難である。そのため,いじめ問題が表面化するのは,いじめが自殺と結びついた最悪の場合がほとんどである。逆に言えば,実際に学校で陰湿ないじめが行われていても,被害者が自殺しなければ,いじめの事実が明るみに出ないということでもあった[3]。1980年代半ば以降,いじめを苦にして児童生徒が自らの命を絶つという深刻な状況が続き,いじめによって児童生徒が自殺をするということが特異なケースではなくなっていった。

(2) 社会問題としての不登校

1980年代以降,いじめと並んで大きな社会問題となったのが,不登校と高等学校での中途退学であった。学校の集団生活に適応できない児童生徒のうち,特に「学校ぎらい」を理由に年間50日以上欠席した児童生徒の数は増加の一途を辿っていった。

一般に不登校とは,病気などの外圧的・偶発的な要因から生じた欠席ではなく,「学校教育といういとなみにはらまれるなんらかの要素との関連において長期欠席が生じ,そこに悩みや不安や葛藤が生まれているもの」[4] と説明される。

この現象は1970年代まで登校拒否と呼ばれて,意図的に学校を拒否することや学校を心理的に忌避する「登校拒否症」という病理的な意味合

---

3) 山田恵吾編『日本の教育文化史を学ぶ―時代・生活・学校―』(ミネルヴァ書房,2014年)
4) 滝川一廣『学校へ行く意味・休む意味―不登校って何だろう?―』(日本図書センター,2012年)

いを持つものとされてきた。ところが，実際に学校に行かない児童生徒の状況は，無気力型，情緒混乱型，あそび・非行型などであり，その様態は多様であった。強いて言えば「登校しない」という事実のみが共通点でもあった。また，「登校しない」ことのきっかけも，友人や教師との関係といった学校生活に関するもの，親子関係に関するもの，また本人自身の問題など原因や背景も複合的である場合がほとんどであった。そのため,1980年代以降は登校拒否ではなく,よりニュートラルな呼称である不登校が使用されるようになり,1990年代にはこれが一般化した[5]。

図13-1は，全国における中学生の長期欠席（長欠）率の推移に高等

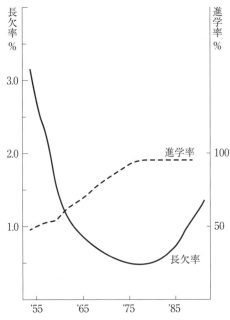

図13-1　中学生長欠率と高校進学率
（出典：滝川一廣『学校へ行く意味・休む意味―不登校ってなんだろう？―』日本図書センター，2012年）

---

5) 苅谷剛彦・志水宏吉『学校臨床社会学―「教育問題」をどう考えるか―』（放送大学教育振興会，2003年）

学校への進学率の推移を重ね合わせたものである。1960年代の高度経済成長期においては，進学率の上昇にしたがって長欠率が下がっているものの，進学率が90％に達した1970年代半ばからは，長欠率が反転して上昇に向かい，1980年代に入って急上昇している。この図で明らかなように，1980年代以降に急激に増加して社会問題化した不登校は，1990年代に入ってからも増加の一途を辿った。1975（昭和50）年に小・中学生合わせて1万人弱だった不登校の児童生徒は，1990（平成2）年には5万人を超え，2001（平成13）年には約13万9,000人とピークに達した。

　当初，不登校は一種の個人的な病理であったと考えられていたために，再び登校させることこそが「治癒」であるという認識が一般的であった。ところが，不登校の要因を個人的な問題に求めるだけではその急激な増加を説明することはできず，要因は次第に学校教育のあり方に求められるようになった。すなわち，受験競争の過熱化，児童生徒の反社会的行動の頻発など，病んでいるのはむしろ学校の方であり，病んだ学校を忌避する不登校はむしろ児童生徒の正常な反応であるという主張がなされるようになったのである。

　1980年代には，制服や髪形に関する学校の校則や硬直的な規則が，いわゆる管理主義として批判される一方，1992（平成4）年3月，文部省の協力者会議は「不登校は誰にでも起こりうる」という認識を示すことになった。不登校は現代の学校制度がもたらす必然的な帰結であるという見方は一定の説得力を持ち，児童生徒の側に原因があるとする認識は次第に弱まっていった。

　不登校の増加等への対策として，文部省は1995（平成7）年から公立学校にスクールカウンセラー（大部分は，日本臨床心理士資格認定協会認定の臨床心理士）を配置する制度を導入した。1999（平成11）年からは，教職経験者や大学生・大学院生，地域住民らが「心の教室相談員」

として中学校で不登校等の子ども達への相談業務にあたるという制度も始まった。これにより，小規模校を除く全ての公立中学校で，スクールカウンセラーもしくは「心の教室相談員」のいずれかが配置されることになった。ただし，スクールカウンセラーによる「教育荒廃」への効果については，その後も十分な検証が行われているとは言えない。

2．教育課程の「人間化」と「ゆとり」

(1)「新しい学力観」の提示 ──『平成元年版学習指導要領』──

　校内暴力，いじめ，不登校などの「教育荒廃」の顕在化は，学校と教育内容の「人間化」と個性化を促していった。特に教育内容の「人間化」は「ゆとり教育」を志向し，個性化は能力・適性に応じた教育を求めていった。

　臨時教育審議会の答申以降，①心豊かな人間の育成，②自己教育力の育成，③基礎・基本の重視と個性教育の推進，④文化と伝統の尊重と国際理解の推進が教育課程改革の基調となった。1987（昭和62）年12月の教育課程審議会答申は，臨時教育審議会答申の内容が多分に反映されたものとなり，「自ら学ぶ意欲と社会の変化に主体的に対応できる能力の育成を重視すること」や「国民として必要とされる基礎的・基本的な内容を重視し，個性を生かす教育の充実を図ること」などが目的として掲げられた。

　この教育課程審議会の答申に基づいて，1989（平成元）年3月に『平成元年版学習指導要領』が告示され，自ら学ぶ意欲や思考力，判断力などを基本とした「新しい学力観」が示された。「新しい学力観」とは，知識・理解・技能の習得以上に，児童生徒の関心・意欲・態度を重視し，思考力・判断力・表現力に裏づけられた自己教育力を獲得する学力観を

理念としている。具体的には以下の点が『平成元年版学習指導要領』の特徴であった。

①学校教育が生涯学習の基礎を培うものであることを考慮し，体験的学習や問題解決学習を重視した。
②入学式，卒業式等における国旗・国歌の取り扱いを明確化した。
③小学校低学年において「社会科」と「理科」を廃止し，「生活科」を新設した。
④中学校において選択教科の履修幅を拡大し，習熟度別指導の導入を奨励した。
⑤高等学校の「社会科」を「地理歴史科」と「公民科」に再編した。
⑥高等学校の「家庭科」を男女必修とした。

「新しい学力観」の提示は，思考力・判断力・表現力そして自己教育力を構成要素とするものであり，知・徳・体のバランスをとる教育課程であった。しかし，一方では「競争原理の導入」を志向する新自由主義的な政策志向の中で，個性化や「新しい学力観」が目指す能力・適性・意欲を重視する教育が，結果として競争主義の教育に転化せざるを得ない側面もあった[6]。

また，児童生徒が自ら主体的に学び，生涯にわたって学び続ける自己教育力のある人間を育成するために，教師には児童生徒への「指導」ではなく「支援」することが重視され，一人ひとりに合わせた授業が求められた。しかし，実際には児童生徒の「やる気」を前提として，「自ら学ぶ」姿勢を重視する授業の方法は，少数の学ぶ児童生徒と多くの学ばない児童生徒を生み出す要因となる側面もあった。同時にこのことは，改めて「教える―学ぶ」という教育の本質と教師と児童生徒との関係性を問い直す議論を喚起することとなった。

---

6) 水原克敏『学習指導要領は国民形成の設計書―その能力観と人間像の歴史的変遷―』（東北大学出版会，2010年）

(2)「ゆとり教育」の教育課程 ——『平成10年版学習指導要領』——

　文部省は，臨時教育審議会の路線を継承しつつも新たな教育改革の構築を進めるために，1995（平成7）年4月，中央教育審議会に対して「21世紀を展望した我が国の教育の在り方について」を諮問した。これを受けて，中央教育審議会が1996（平成8）年7月に提出した第一次答申は，これからの学校教育のあり方として，「ゆとり」の確保と「生きる力」の育成という理念を掲げた。

　具体的に第一次答申は，「生きる力」を「自分で課題を見つけ，自ら学び，自ら考え，主体的に判断し，行動し，よりよく問題を解決する資質や能力」，「自らを律しつつ，他人とともに協調し，他人を思いやる心や感動する心など，豊かな人間性」，「たくましく生きるための健康や体力」と定義し，「ゆとり」の中での「生きる力」の育成を目指すという観点から，教育内容の厳選と基礎・基本の徹底，「総合的な学習の時間」の設置，完全学校週5日制の導入などを提言した。

　中央教育審議会が示した「ゆとり」と「生きる力」という新たな教育理念に基づき，1998（平成10）年7月，教育課程審議会は，①豊かな人間性や社会性，国際社会に生きる日本人としての自覚を育成すること，②自ら学び，自ら考える力を育成すること，③ゆとりある教育活動を展開する中で，基礎・基本の確実な定着を図り，個性を生かす教育を充実すること，④各学校が創意工夫を生かし特色ある教育，特色ある学校づくりをすすめること，を内容とする答申を行った。

　この答申を受けて，1998（平成10）年12月に小中学校の『平成10年版学習指導要領』が告示され，2002（平成14）年4月より全面実施された。また，高等学校と盲・聾・養護学校（現在の特別支援学校）の改訂は1999（平成11）年3月に行われ，高等学校については，2003（平成15）年4月から全面実施された。『平成10年版学習指導要領』の主な特徴は，

①「総合的な学習の時間」の新設，②授業時数の大幅削減と教育内容の約3割削減，③授業時数や授業の1単位時間の弾力的な運用，④中学校の「外国語」を必修とした（英語の履修が原則），⑤高等学校の普通教科に「情報」，専門教科に「情報」と「福祉」の新設，⑥盲・聾・養護学校の「養護・訓練」を「自立活動」に改めること，などであった。

特に，「総合的な学習の時間」の設置は，従来の教科の知識体系によ

> **コラム**　　　『世界に一つだけの花』
>
> 　2003（平成15）年3月にリリースされたSMAPの楽曲でCD売上げ累計300万枚を超えるヒット曲となった。「NO.1にならなくてもいい　もともと特別なOnly one」「そうさ　僕らは　世界に一つだけの花　一人一人違う種を持つ　その花を咲かせることだけに　一生懸命になればいい」という歌詞は，「個性重視」「ゆとり重視」の教育を実感した世代から共感を得たと言える。
>
> 　特に「ナンバーワンよりオンリーワン」という歌詞は，ありのままの自分でいることを肯定してくれる癒しの歌とも受け取れる反面，競争社会に積極的にコミットせずに現実逃避する非主体的な若者の姿を表現しているという指摘もあった（岸本裕紀子『なぜ若者は「半径1m以内」で生活したがるのか？』講談社，2007年）。
>
> 　また「個性的であること」に対して高い価値を置く規範が共有されている状況の中で，自分が「ごく平凡な私」に過ぎないとしか感じられない者に対しては救われない内容であるとも指摘された（土井隆義『「個性」を煽られる子どもたち─親密圏の変容を考える』岩波書店，2004年）。

る縦割り型の学力に対して，それを横断的に総合化して課題対応型の学力を付けることを目指すものであると説明された。

　中央教育審議会が掲げた「ゆとり」の中で「生きる力」を育成するという理念と，それを具体化するための「総合的な学習の時間」の設置や教育内容の削減といった一連の措置は，一般には「ゆとり教育」[7]と呼ばれた。歴史的に言えば，1977（昭和52）年7月に改訂された『昭和52年版学習指導要領』では「ゆとりと充実」という方策が打ち出され，知識偏重の教育内容を見直し「学問中心カリキュラム」から「人間中心カリキュラム」への転換が図られていた。つまり，学校教育はすでに「ゆとり」路線を進んでいたが，『平成10年版学習指導要領』はこれまでの「ゆとり」路線をさらに推し進め，より徹底させるものとなった。

　このように，『平成10年版学習指導要領』の内容は，完全学校週5日制の導入などによる「ゆとり」の中で特色ある教育を展開し，児童生徒に「生きる力」を育成するというねらいを反映したものになっていた。教育内容を大幅に削減し，各学校が創意工夫を凝らして自由に教育課程を編成できる分野を拡大したことが特徴でもあった。

　しかし，この「ゆとり」重視の『平成10年版学習指導要領』については，「学力低下」を招くという批判が提起され，学力と「ゆとり」をめぐる論争が活発に展開された。「ゆとり教育」をめぐる論議は，改めて学力それ自体の捉え方と公教育のあり方を考える契機ともなった。

7）　一般に「ゆとり教育」と括弧書きにされるのは，文部省（現在の文部科学省）がこの言葉を使用していなかったためである。教育行政が，「ゆとり」の重要性を提唱したのは確かであるが，あくまでもそれは「ゆとりある学校生活」や「ゆとりある教育活動」という文脈であったという指摘もある（菱村前掲書『戦後教育はなぜ紛糾したのか』）。

3. 教科書問題と教科書検定制度の改正

(1) 中国・韓国による教科書批判

　戦後の教科書検定制度をめぐっては、家永教科書裁判を中心として様々な論争が展開されてきた。その一方で、1981（昭和56）年度の高等学校用教科書の検定に関して、教科書検定が大きな外交問題へと発展した。これが、いわゆる「教科書誤報事件」と言われるものである。

　1982（昭和57）年6月26日、1983（昭和58）年度から高等学校で使用する教科書の検定結果が公表された。その内容について新聞各紙は、文部省による歴史教科書の検定において、中国に「侵略」したという表現が「進出」に書き改められたと報じた。この報道を受けて、中国は日本の歴史教科書の記述の一部について、史実の改ざんや歪曲があるとして批判を繰り返した。

　ところが、実際の教科書検定では、新聞が報じたような「侵略」から「進出」へと修正した事例はなく、当時の文部省は国会でもその事実を繰り返し説明した[8]。しかし中国からの批判は止まず、さらに韓国のマスコミも日本の教科書検定のあり方を厳しく批判した。

　中国・韓国からの批判を受けて、政府、外務省、文部省の間で激しい折衝が続けられたが、同年8月26日に鈴木善幸首相の判断によって官房長官談話（宮沢談話）が発表された。この談話は、中国、韓国等からの批判に対して、「政府の責任において是正する」とし、「検定調査審議会の議を経て検定基準を改正して行う」ことが明記された。

　官房長官談話（宮沢談話）を受けて、教科書検定審議会での検討が行われ、同年11月に教科書検定基準が一部改正された。これによって小中学校の社会科の項目に「近隣のアジア諸国との間の近現代の歴史的事象の扱いに国際理解と国際協調の見地から必要な配慮がされていること」

---

8)　文部省の鈴木 勲 初等中等局長は、1982年7月29日の参議院文教委員会で、1981年検定で「侵略を進出に改めさせたという記述については現在のところ見当たらない」と答弁している。

という規定（近隣諸国条項）が付け加えられた。また，一部改正された教科書検定基準による教科書検定を早期に行うため，次期改訂のための教科書検定を1年繰り上げて実施した。

また，1986（昭和61）年に中国と韓国から，教科用図書検定調査審議会で合格が決定していた高等学校教科書『新編日本史』（原書房）の内容への批判と懸念が表明され，文部省は数度にわたり異例の修正を行った（『新編日本史』は検定に最終的に合格している）。

このように，歴史教科書の記述と教科書検定の問題は，本来は国内問題であるにもかかわらず，1980年以降は外交問題にまで発展するケースがあり，教科書問題は様々な観点から国内外で論争を巻き起こしていった。

(2) 教科書検定制度の全面改正

1987（昭和62）年の臨時教育審議会の第三次答申は，教科書検定制度について，教科書の質的向上と創意工夫の促進，個性豊かで多様な教科書の発行などを改革の基本方針とした。また，教科書検定の機能は，教科書としての適格性の判定に重点を置くものとし，審査手続きの簡素化，教科書検定基準の重点化・簡素化，検定の公開などの改善を提言した。

臨時教育審議会の答申を受けて，1989（平成元）年4月に教科書検定の手続きを定める「教科用図書検定規則」と「教科用図書検定基準」が全面的に改正された。これらには，①三段階審査の区分の廃止，②審議会による修正審査，③改善意見・修正意見の一本化，④申請図書の公開，⑤教科書検定基準の大幅な重点化・簡素化，などが盛り込まれ，教科書検定期間は4年とされた[9]。

しかし，教科書問題はその後の歴史においても継続した。2001（平成13）年，中学校歴史教科書『新しい歴史教科書』（扶桑社）が検定に合

---

9) 文部省編『学制百二十年史』（ぎょうせい，1992年）

格した。これは，既存の歴史教科書の記述が過度に「自虐的」であるという主張をする「新しい歴史教科書をつくる会」のメンバーが執筆したものであった。これに対して，『新しい歴史教科書』が偏狭なナショナリズムを煽るものだとの批判が国内から湧き起こった。また，中国や韓国政府は，『新しい歴史教科書』の記述内容が「近隣諸国条項に反する」などと批判して日本政府にこの問題への対応を求めた。

　『新しい歴史教科書』をめぐっては，その後の教科書採択においても混乱を招いた。『新しい歴史教科書』に対する教科書検定から教科書採択へと至る一連の経緯は，国内外における歴史認識問題の複雑さを改めて示したと同時に，教科書検定や教科書採択の課題を浮き彫りとするものとなった。

参考文献

大村はま，苅谷剛彦・夏子『教えることの復権』（ちくま新書，2003年）
貝塚茂樹『戦後教育は変われるのか―「思考停止」からの脱却をめざして―』（学術出版会，2008年）
貝塚茂樹『教えることのすすめ―教師・道徳・愛国心―』（明治図書，2010年）
水原克敏『学習指導要領は国民形成の設計書―その能力観と人間像の歴史的変遷―』（東北大学出版会，2010年）
滝川一廣『学校へ行く意味・休む意味―不登校ってなんだろう？―』（日本図書センター，2012年）
小川正人・岩永雅也『日本の教育改革』（放送大学教育振興会，2015年）
山田恵吾編『日本の教育文化史を学ぶ―時代・生活・学校―』（ミネルヴァ書房，2014年）
山田恵吾・藤田祐介・貝塚茂樹『学校教育とカリキュラム（第三版）』（文化書房博文社，2015年）
読売新聞昭和時代プロジェクト『昭和時代――九八〇年代―』（中央公論新社，2016年）

学習課題

（1）1980年代に大きな社会問題となったいじめや不登校などの教育状況について説明できるようにしよう。
（2）『平成元年版学習指導要領』と『平成10年版学習指導要領』の特徴を説明できるようにしよう。また，その歴史的な背景と意味について考えてみよう。
（3）1980年代以降の教科書問題の特徴とその歴史的な経緯について説明できるようにしよう。

14 │ 新しい学校像と「学力低下」問題

《目標＆ポイント》 臨時教育審議会の答申が示した教育の「自由化・多様化」の方向性に基づいた新しい学校像の模索の過程について、学校選択の自由化、「開かれた学校づくり」などを中心として検討する。また、「ゆとり」路線を進めた教育課程に対する批判への対応でもある『平成20年版学習指導要領』の内容を整理することで、「ゆとり」路線から「学力重視」への方向転換の意味を考察する。さらに、「学級崩壊」に象徴される「新しい荒れ」の対応について、特に道徳教育の充実という観点から検討する。

《キーワード》 学校選択の自由化（学校選択制）、「開かれた学校づくり」、学校評議員制度、「コミュニティ・スクール」、中等教育学校、「学力低下」論争、国際学力調査、「学びのすすめ」、「確かな学力」、「学級崩壊」、「心のノート」

1. 新しい学校像の模索

（1）学校選択の自由化

臨時教育審議会が提示した「個性重視の原則」は、画一的で硬直化した教育を打破して、個人の尊厳、自由・自律、自己責任の原則を確立することを目指すものであった。1993（平成5）年に文部省（現在の文部科学省）が全国の教育委員会に通知した業者テストの禁止は、偏差値による受験競争の弊害を除去し、「個性重視の原則」を掲げる教育改革の一環であった。子どもの能力や適性に応じた教育を提供し、市場経済の原理によって教育の「自由」を確保しようとする臨時教育審議会の改革の方向性は、教育の「自由化・多様化」と呼ばれた。

臨時教育審議会の目指した改革を象徴するのが、子どもの通学する公立の小中学校を保護者が自由に選択することができる学校選択の自由化（以下、学校選択制と略）である。従来は、公立の小中学校については、児童生徒がどの学校に就学するかを市町村教育委員会が通学区域に基づいて指定するのが一般的であった。学校選択制は、臨時教育審議会の「自由化」論争において課題とされたが、その時は実現されなかった。その後、1990年代の半ばに地方分権と規制緩和の流れを受けて、文部省（当時）が通学区域の弾力化と学校選択の弾力化を容認した2000（平成12）年度以降、学校選択制が東京都品川区をはじめとする全国各地に広がった。

　この背景には、学校教育をサービス商品と見る意識の拡大があった。しかし、教育に市場原理を持ち込む学校選択制は、公教育制度の根幹を揺るがす可能性があるとして、その是非をめぐって激しい論争が展開された。

（2）「開かれた学校づくり」の提唱

　臨時教育審議会が提唱した6年制中等学校の設置や「開かれた学校づくり」の提唱は、1996（平成8）年7月の中央教育審議会の第一次答申「21世紀を展望した我が国の教育の在り方について」（第二次答申／翌年6月）に反映された。「生きる力」の育成と「ゆとり」の確保を目標として掲げたこの答申は、その後の教育改革の基調となった。特に学校制度については、臨時教育審議会の答申による6年制中等学校設置の提言や中央教育審議会の第二次答申（1997年6月）を受けて、1998（平成10）年6月に「学校教育法」が改正され、その翌年から中高一貫教育制度が選択的に導入され、新たなタイプの学校として中等教育学校が創設された。一般に中高一貫教育の実施形態としては、中等教育学校のほか

に，高校入試を実施せずに設置者が同じ中学校と高校を接続する併設型，設置者が異なる中学校と高校を連携する連携型などがある。

　また，学校・家庭・地域の連携協力の必要性を訴え，社会に対して「開かれた学校づくり」の推進が提唱された。一般に「開かれた学校づくり」とは，①「開かれた学校運営」であること，②地域の教育力を活用した学校教育の展開，③学校施設の開放，の３つを柱とするものであった。この答申を受けた1998（平成10）年９月の中央教育審議会答申「今後の地方教育行政の在り方について」は，学校の自主性・自律性の確立が強調され，教育委員会と学校の関係の見直し（学校の裁量権の拡大），校長のリーダーシップ強化を中心とした学校経営体制の整備，保護者や地域住民に対するアカウンタビリティ（説明責任）の確立などを提言した。

　こうした提言を踏まえて実現したのが，職員会議の補助機関化や学校評議員制度の導入，民間人校長の登用などである。特に学校評議員制度は，2000年の「学校教育法施行規則」の改正によって導入された。これは，校長の求めに応じて，学校評議員が学校教育活動や地域社会との連携のあり方，校長の学校運営等について意見を述べることを可能としたものである。学校評議員制度の導入によって，①保護者や地域住民等の意向を把握し反映すること，②保護者や地域住民の協力を得ること，③学校運営の状況等を周知すること，などによって学校としての説明責任を果たしていくことなどが期待された。

　また，学校評価も「今後の地方教育行政の在り方について」や教育改革国民会議の提言に基づいたものである。学校評価については，2002（平成14）年３月に「小学校設置基準」及び「中学校設置基準」が制定され，その中に学校の自己点検・自己評価を努力義務とする規定が盛り込まれた。

(3) 新しい学校のかたち

　新しいかたちの公立学校として設置されたのが，保護者や地域住民が一定の権限を持って学校運営に参画する「コミュニティ・スクール」（あるいは地域運営学校と呼ばれる）である。これは，2001年4月に内閣府に設置された総合規制改革会議や中央教育審議会の答申などによって提言され，2004（平成16）年の「地方教育行政の組織及び運営に関する法律」（地教行法）の改正によって正式に発足した。この改正で設置が可能となった学校運営協議会は，「学校の運営について協議する機関」（同

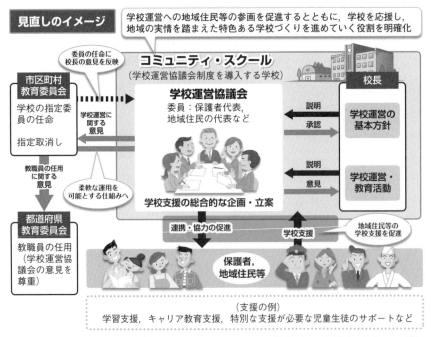

図14-1　これからのコミュニティ・スクールの仕組みの在り方（イメージ）
　　　　（出典：文部科学省ホームページ）

法第47条の5）として位置づけられ，学校評議員制度よりも保護者や地域住民がより強い権限をもって学校運営に参加することを可能とした。

「コミュニティ・スクール」は，学校運営協議会を設置した学校であり，主に①校長が作成する学校運営の基本方針を承認すること（必須），②学校運営について，教育委員会や校長に意見を述べることができること（任意），③教職員の任用に関して，教育委員会に意見を出すことができること（任意），といった権限を持っている。

「コミュニティ・スクール」は，学校運営に関する基本的な方針を協議し，承認されるプロセスが求められることで，学校と地域との情報共有や連携の深まりが期待されている。小中一貫教育への関心の高まりを背景に，小中学校すべてを「コミュニティ・スクール」とする自治体も増えている。

また，2014（平成26）年12月22日の中央教育審議会答申を受けて「学校教育法」が改正され，2016（平成28）年4月から義務教育学校が創設された。これは，現行の小中学校に加えて，心身の発達に応じて，義務教育として行われる普通教育の9年間を小中一貫して行うことを目的とした学校である。

2.「学力低下」論争と学習指導要領の改正

(1)「学力低下」論争の展開

「ゆとり教育」は，1970年代以降に広がりを見せた受験競争への対応でもあり，「個性重視の原則」を実現するための方策として期待された。しかし，不足した授業時間を補うために塾通いする児童生徒が増加し，特に都市部では中学受験が過熱化した。ここでは，子どもを通塾させられる世帯とそうでない世帯との経済格差が結果的に教育格差をもたらす

といった指摘がなされた。また，週5日制の導入と教育内容の削減は，教育内容の系統性を不安定とし，児童生徒の理解を妨げる要因になるとも批判された。「ゆとり教育」は，児童生徒ばかりでなく，学校・教師にとってもかえって「ゆとり」を奪う皮肉な結果を生み出す側面があったと言える。

特に，「ゆとり教育」は，児童生徒の「学力低下」と結びつけて論じられ，いわゆる「学力低下」論争が展開された。その端緒となったのが，「分数計算ができない」「まともな日本語が書けない」「簡単な英文が読めない」などの大学生が増えていることを指摘した著書の刊行であった[1]。これらの著書は，大学生の「学力低下」の原因が，小学校から高校までの「ゆとり教育」にあると指摘した。

また，「学力低下」論争に拍車をかけたのが，2003年にOECD（経済協力開発機構）が行った生徒の学習到達度調査（PISA）とIEA（国際教育到達度評価学会）が行った国際数学・理科教育調査（TIMSS03）の結果であった。PISAでの日本の成績は，参加国40カ国のうち数学的リテラシーが6位，科学的リテラシーが2位，問題解決能力が4位であり，それぞれ前回の調査を下回った。特に，読解力リテラシーは14位とOECDの平均値まで低下した。さらに，TIMSS03の成績は，参加国46カ国のうち数学が小学校で3位，中学校で5位，理科は小学校3位，中学校6位であり，中学校の成績はいずれも前回を下回った。ただし，こうした国際学力調査の結果は諸外国に比べても決して悪いものではないという指摘もあり[2]，「学力低下」論争では多様な解釈が錯綜したというのが実態であった。

---

1) 例えば，岡部恒治ほか『分数ができない大学生—21世紀の日本が危ない—』（東洋経済新報社，1999年）同『小数ができない大学生—国公立大学も学力崩壊—』（東洋経済新報社，2000年）など。
2) 例えば，菱村幸彦『戦後教育はなぜ紛糾したのか』（教育開発研究所，2010年）など。また，2009年と2012年のPISA調査では読解力の順位が上昇したことから「ゆとり教育」批判の根拠についても改めて問い直される契機となった。

第14章 新しい学校像と「学力低下」問題 | **229**

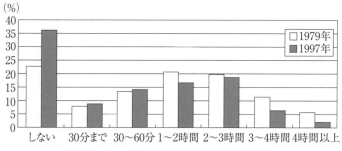

図14-2 学校外での学習時間の変化
(出典：苅谷剛彦『教育改革の幻想』ちくま新書，2002年)

　そうした中で，苅谷剛彦が中高生の学習時間の減少を示す調査において，子どもの学習離れを明らかにした。図14-2のように，高等学校2年生の学校外での学習時間は，1979（昭和54）年から1997（平成9）年の間に大きく減少している。また，3時間以上勉強した生徒は16.8%から8.4%へとほぼ半減し，1時間から3時間以内の生徒も40.2%から35.0%へと減少するとともに，勉強時間が0分という生徒は22.3%から35.4%へと増大している。こうした研究によって，「ゆとり教育」の柱である「教育の多様性」や「自己責任」が階層間の格差を拡大させる可能性が実証的に指摘された[3]。

> **コラム**　「教える」とはどういうことか ―大村はまの場合―
>
> 　教師は「指導より支援」であるというスローガンが盛んに言われていた時期にあっても，一貫して教師の仕事が「教えること」であると強く主張し続けたのが，大村はま（1906-2005）である。ただし，大村の「教えること」とは，決して単純なものではない。それは，子どもの主体的な学びに寄りかかるものでも，また紋切り型の方法

3)　苅谷剛彦『階層化日本と教育危機―不平等再生産から意欲格差社会』（有信堂高文社　2001年），苅谷剛彦『教育改革の幻想』（ちくま新書，2002年），苅谷剛彦『なぜ教育論争は不毛なのか―学力論争を超えて』（中公新書ラクレ，2003年）

によって「基礎学力」をつけさせるものでもなかった。教師が，子どもの将来を見据えて，身に付けなければならない基礎となるものを入念な準備をした授業を通じて「教えること」であり，様々な工夫によって子どもの「学び」を引き出すというものである。「頭ごなしの教え込みでも，子どもに寄り添うばかりの『学び』礼賛でもない，教師の十全な準備の上に現れる，この二分法を超えた『教え』と『学び』の融合」（大村はま，苅谷剛彦・苅谷夏子『教えることの復権』ちくま新書，2003年）というのがその本質である。

　大村は，「教えること」のために教師に求められるのが「研究」であると繰り返し述べている。「研究」をしない教師は，「先生」ではないという大村は，「勉強するその苦しみと喜びのただ中に生きているのが子どもたちなのです。研究している教師はその子どもたちと同じ世界にいます」と述べ，「子どもと同じ世界にいたければ，精神修養なんかではとてもだめで，自分が研究しつづけていなければなりません。（中略）もっともっと大事なことは，研究をしていて，勉強の苦しみと喜びをひしひしと，日に日に感じていること，そして，伸びたい希望が胸にあふれていることです。私は，これこそ教師の資格だと思います」（大村はま『新編　教えるということ』（ちくま学芸文庫，1996年）と続けている。

（2）学習指導要領の「方向転換」

　教育内容の削減による「学力低下」への批判を受けて，文部科学省は，2002（平成14）年1月に「確かな学力の向上のための2002アピール—学びのすすめ—」（以下，「学びのすすめ」と略）を公表した。

　「学びのすすめ」は，「きめ細かな指導で，基礎・基本や自ら学び自ら考える力を身に付ける」，「発展的な学習で，一人ひとりの個性等に応じて子どもの力をより伸ばす」など5つの事項を提示し，個に応じたきめ

細かな指導（少人数授業・習熟度別指導）の実施，補充的な学習や家庭学習の充実といった方策を掲げるとともに，学習指導要領が最低基準であることを明確にした。

「学びのすすめ」が示した方向性は，従来の「ゆとり」路線からの「方向転換」を意味していた。その具体的な表れが，2003（平成15）年12月に実施された『平成10年版学習指導要領』の一部改訂である。小中学校での「確かな学力」の定着を目指した主な改訂点は次のとおりである。

① 学習指導要領の基準性を踏まえた指導の一層の充実。学習指導要領は「最低基準」であり，これを超えた内容を加えて指導できることを明確にした。
② 「総合的な学習の時間」の一層の充実。各教科，道徳及び特別活動との関連を持たせるとともに，各学校において「総合的な学習の時間」の目標及び内容を定め，全体計画を作成する必要があることを規定した。
③ 個に応じた指導の一層の充実。学習内容の習熟の程度に応じた指導（小学校），補充的な学習や発展的な学習（小中学校）などの教育方法を例示した。

当時，多くのマスコミは，これを「ゆとり教育」から学力重視への「方向転換」と報じたが，文部科学省は従来の方針の再確認と整備が目的であると説明した。実際，学習指導要領が「最低基準」であることは，『昭和33年版学習指導要領』において，「学校において特に必要がある場合には，第二章以下に示していない内容を加えて指導することもできる」と規定されていたことでもあった。

しかし，2003年の『平成10年版学習指導要領』の一部改訂が，学力向

上へと「方向転換」したことは間違いなく，これによって世論の「ゆとり教育」批判も徐々に鎮静化していった。

「ゆとり教育」は多様な観点から評価され，その論点も多岐にわたった。「ゆとり教育」をめぐる議論においては，①教科教育における基礎・基本の重視が再認識されたこと，②学力を論ずるためには基本的データが必要であることが再認識され，約40年ぶりに全国学力調査が実施されたこと，③地方主導による学力向上への取り組みが活発となったこと，などが成果であった[4]。

（3）『平成20年版学習指導要領』の改訂

『平成10年版学習指導要領』一部改訂から3年後の2006（平成18）年12月，「教育基本法」が約60年ぶりに改正され，21世紀を切り拓く心豊かでたくましい日本人の育成を目指すという観点から，教育の新しい理念が定められた。「教育基本法」の改正を受けて，中央教育審議会は2008（平成20）年1月に「幼稚園，小学校・中学校，高等学校及び特別支援学校の学習指導要領等の改善について」を答申した。これを踏まえて，同年3月に小・中学校，翌2009（平成21）年3月に高等学校及び特別支援学校の『平成20年版学習指導要領』が告示された。

『平成20年版学習指導要領』は，①「教育基本法」の改正等で明確となった教育の理念を踏まえ，「生きる力」を育成すること，②知識・技能の習得と思考力・判断力・表現力等の育成のバランスを重視すること，③道徳教育や体育などの充実により，豊かな心や健やかな体を育成すること，の3つの基本方針を提示した。さらに，教育内容に関しては「言語活動の充実」，「理数教育の充実」，「伝統や文化に関する教育の充実」，「道徳教育の充実」，「体験活動の充実」，「外国語活動の充実」を図ることなどが重視された。

4）　菱村前掲書『戦後教育はなぜ紛糾したのか』

第14章　新しい学校像と「学力低下」問題

表14-1　小学校の1998（平成10）年の年間授業時数

区分	各教科の授業時数									道徳の授業時数	特別活動の授業時数	総合的な学習の授業の時数間	総授業時数
	国語	社会	算数	理科	生活	音楽	図画工作	家庭	体育				
第1学年	272		114		102	68	68		90	34	34		782
第2学年	280		155		105	70	70		90	35	35		840
第3学年	235	70	150	70		60	60		90	35	35	105	910
第4学年	235	85	150	90		60	60		90	35	35	105	945
第5学年	180	90	150	95		50	50	60	90	35	35	110	945
第6学年	175	100	150	95		50	50	55	90	35	35	110	945

表14-2　小学校の2008（平成20）年の年間授業時数

区分	各教科の授業時数									道徳の授業時数	外国語活動の授業時数	総合的な学習の時間の授業時数	特別活動の授業時数	総授業時数
	国語	社会	算数	理科	生活	音楽	図画工作	家庭	体育					
第1学年	306		136		102	68	68		102	34			34	850
第2学年	315		175		105	70	70		105	35			35	910
第3学年	245	70	175	90		60	60		105	35		70	35	945
第4学年	245	90	175	105		60	60		105	35		70	35	980
第5学年	175	100	175	105		50	50	60	90	35	35	70	35	980
第6学年	175	105	175	105		50	50	55	90	35	35	70	35	980

具体的に『平成20年版学習指導要領』では，①小学校において，国語，社会，算数，理科，体育の授業時数が6学年合わせて350時間程度の増加，②小学校で「外国語活動」（第5・6学年で週1コマ）の新設，③小中学校の「総合的な学習の時間」の授業時数の削減，④中学校において，国語，社会，数学，理科，外国語，保健体育の授業時数を400時間（選択教科の履修状況を踏まえると230時間）程度の増加，⑤中学校では，教育課程の共通性を高めるため，選択教科の授業時数を縮減し，必修教科の授業時数の増加，⑥中学校において，男女とも武道を必修化した，などの改訂が行われた。

『平成20年版学習指導要領』は，『平成10年版学習指導要領』が掲げた「生きる力」の育成という基本理念を引き継いだ。しかし，「生きる力」の育成を目的とした「総合的な学習の時間」は縮減され，約40年ぶりに各教科の授業時数と内容が増加した。『昭和52年版学習指導要領』から始まった「ゆとり」路線は，2003（平成15）年の『平成10年版学習指導要領』の一部改訂と『平成20年版学習指導要領』によって，「学力重視」へと大きく転換されたのである。

3.「新しい荒れ」と道徳教育の充実

(1) 子ども達の「新しい荒れ」

1997（平成9）年，神戸市須磨区で連続児童殺傷事件が発生し，中学3年生の男子生徒が逮捕された。男子生徒は，自身が通学していた中学校の校門に切断された男子児童（小学校6年生）の頭部を置き，遺体には「さあ，ゲームのはじまりです…ボクは殺しが愉快でたまらない。人の死が見たくて見たくてしょうがない…」という紙片を添えた。「酒鬼薔薇聖斗」と名乗ったこの男子生徒は，「透明な存在であるボクを造り

出した義務教育，義務教育を生み出した社会に対する復讐も忘れていない」と宣言した犯行声明文を地元の新聞社に送りつけていた。事件の詳細が明らかになるにつれて，道徳教育の充実や少年法の改正などの論議が活発となっていった。

　神戸市の連続児童殺傷事件の翌1998（平成10）年1月には，栃木県黒磯市の中学校で，英語担当の女性教諭が同校1年の男子生徒に刺殺される事件が起きた。この男子生徒は，教諭から遅刻を注意されてカッとなり，いきなりバタフライナイフで教諭を刺したと報道された。

　この事件をきっかけに，非行を予見しがたい「普通の子」が些細なことで「ムカつき」，突然「キレる」行動が問題視された。そして，こうした行動は，1970年代から1980年代にかけての「教育荒廃」とは異質の「新しい荒れ」と称された。さらに，2000（平成12）年には，豊川主婦殺人事件（5月），西鉄高速バス乗っ取り事件（5月），岡山県金属バット殴打・母親殺人事件（6月）が連鎖的に発生しているが，これらはいずれも17歳の少年による犯行であった[5]。このことは，少年非行が新たな段階に入ったことを実感させるものとなった。

(2)「学級崩壊」と「ゆとり教育」

　「新しい荒れ」の象徴的な現象として，「学級崩壊」が大きな社会問題となった。一般に「学級崩壊」とは，突発的な行動をとる児童生徒に周りの者が同調・便乗し，教室内の秩序が崩れて学級経営が機能しなくなることである。1998（平成10）年6月に放送されたNHKの番組（NHKスペシャル「広がる学級崩壊」）は，大阪府堺市の小学校で起こっている「学級崩壊」の実状を報道し，大きな反響を呼んだ。立ち歩き，私語，ノートを取らない，物を投げるという「幼児がえり」したような「無秩序」な教室の様子は，テレビや新聞等でも頻繁に報道された。

---

[5] 山田恵吾編『日本の教育文化史を学ぶ―時代・生活・学校―』（ミネルヴァ書房，2014年）

一方,「学級崩壊」に直面した教師は,欲望を衝動的に爆発させる児童を「宇宙人」「アメーバー」と評し,自分たちのこれまでの指導法が通じないことに苦慮した。また,「新しい荒れ」に対しては,若い教師よりも年配でベテランの教師の方が的確な指導ができない傾向にあることも指摘された。

「新しい荒れ」の背景には,「ゆとり教育」の中で育った世代がその幼少の頃に受けた「子育て法」に関係するという指摘もある。例えば,1970年代までは「よくない行為」とされてきた赤ちゃんとの添い寝は,1980年中頃には一転して「よい行為」と扱われるようになり,「親主導から子ども中心」の子育てへと大きく転換した。これは,従来の親主導の子育てが否定され,抱いてもらいたい,お乳を飲みたい,一緒に寝たいという赤ちゃんの要求には,できるだけ親が付き合うべきである,という子ども中心の子育てが奨励されたことを意味している[6]。

こうした子どもの「受容」を強調する姿勢は,「個性尊重の原則」を掲げた当時の教育政策とも呼応していく。例えば,1989年の『幼稚園教育要領』の改訂に伴って,いわゆる「自由保育」が盛んになっていったが,「自由保育」での「時間割を作らない,園児の自由にしたいようにさせておく」という指導が,「学級崩壊」「小一プロブレム」を引き起こしたという指摘もなされた。それは,「自由保育」の環境に慣れた子ども達が,時間ごとのカリキュラムによって活動が制限される小学校の生活に入ったとき,学校生活に適応できないというものであった[7]。

「学級崩壊」という現象は,子ども達同士の心が通わないというよりも心を通わせる段階にまで子ども達が成長していないということでもある。「学級崩壊」を惹き起こしている子ども達の親の世代とは,1970年代後半からの「ゆとり教育」を受けた世代である。その意味では「個性尊重の原則」「子どもの自主性を尊重する」ことをスローガンとした教

---

[6] 品田知美『〈子育て法〉革命』(中公新書,2004年)
[7] 菅野仁『教育幻想』(ちくまプリマー新書,2010年)

育を受けた世代が，1980年代中頃から顕著となった子ども中心の「子育て法」を違和感なく受け入れ，この親に育てられた子ども達が「学級崩壊」という「新しい荒れ」をもたらしているという歴史的な構図も成り立つ。

（3）道徳教育の充実方策と「心のノート」

　神戸市の連続児童殺傷事件を契機として，中央教育審議会は1998年6月に「新しい時代を拓く心を育てるために─次世代を育てる心を失う危機─」（以下，「心の教育」答申と略）を答申した。「心の教育」答申は，次代を担う子ども達が，未来への夢や目標を抱き，創造的で活力に満ちた豊かな国と社会をつくる営みや地球規模の課題に積極果敢に取り組む必要性を説いた。また，世界の中で信頼される日本人として育っていくよう，社会全体で「生きる力」を身に付ける取り組みを進めることが大切であると提言した。

　「心の教育」答申は，「生きる力」の核となる「豊かな人間性」について，①美しいものや自然に感動する心などの柔らかな感性，②正義感や公正さを重んじる心，③生命を大切にし，人権を尊重する心などの基本的な倫理観，④他人をおもいやる心や社会貢献の精神，⑤自立心，自己抑制力，責任感，⑥他者との共生や異質なものへの寛容などの感性や心であると定義した。

　文部科学省は，2001（平成13）年1月に「21世紀教育新生プラン─レインボープラン〈7つの重点戦略〉」を発表し，「心のノート」の作成・配布と「心のせんせい」の配置などを道徳教育充実策の具体的な内容として掲げた。「心のノート」作成の趣旨は，「子どもが，自ら道徳性を発展させる窓口となる内容，すなわち学習指導要領に示された道徳の内容を，子どもにとってわかりやすく書き表した」ものであり，「子どもが道徳的価値について自ら考えるきっかけとなり，道徳的価値の大切さに

気づき，勇気づけられ，発展させていくことができることを願って編集したもの」と説明された。

「心のノート」は，小学校1・2年用，同3・4年用，同5・6年用，中学校用の4種類が作成された。その内容は，小中学校の学習指導要領に基づいて構成され，2002（平成14）年度から使用が開始された。それぞれのページには，子どもが道徳的価値に気づいたり，自らを振り返ったりするイラストや写真，詩や文章，自らの思いを記入する欄などがあった。

「心のノート」に対しては，「新しい荒れ」に対する具体的な対応として評価される一方，国家による「心」の統制を助長するものであるという指摘もされた。また，あらゆる問題の解決を個人の「心」の問題に還元しようとする「心理主義的」な内容に対する批判も展開された[8]。一般的にこれらの批判では，「心のノート」を「教育基本法」改正の動向と連動させて論じることに特徴があった。

---

8) 例えば，小沢牧子・長谷川孝編『「心のノート」を読み解く』（かもがわ出版，2003年）など。

参考文献

大村はま，苅谷剛彦・夏子『教えることの復権』（ちくま新書，2003年）
貝塚茂樹『戦後教育は変われるのか―「思考停止」からの脱却をめざして―』（学術出版会，2008年）
貝塚茂樹『道徳教育の教科書』（学術出版会，2009年）
水原克敏『学習指導要領は国民形成の設計書―その能力観と人間像の歴史的変遷―』（東北大学出版会，2010年）
貝塚茂樹『教えることのすすめ―教師・道徳・愛国心―』（明治図書，2010年）
小川正人・岩永雅也『日本の教育改革』（放送大学教育振興会，2015年）
山田恵吾編『日本の教育文化史を学ぶ―時代・生活・学校―』（ミネルヴァ書房，2014年）
山田恵吾・藤田祐介・貝塚茂樹『学校教育とカリキュラム（第三版）』（文化書房博文社，2015年）
藤田祐介編『学校の制度を学ぶ』（文化書房博文社，2015年）

学習課題

（1）臨時教育審議会以降の新たな学校像の特徴について説明できるようにしよう。
（2）『平成20年版学習指導要領』の特徴について，「学力低下」論争との関連から考えてみよう。
（3）「新しい荒れ」の背景となる状況を歴史的な観点から考えてみよう。

15 | 戦後教育と教育改革のゆくえ

《目標＆ポイント》 2000（平成12）年の教育改革国民会議の提言を受けた2006（平成18）年の「教育基本法」改正とその後の学校制度改革及び教育委員会制度改革などの動向を検討する。また，いじめや教育格差などの教育課題について歴史的な観点から整理するとともに，「特別の教科　道徳」の設置と『平成29年版学習指導要領』の概要を視野に入れながら，今後の教育改革の方向性と課題について考察する。
《キーワード》 中央省庁再編，構造改革，教育改革国民会議，「教育基本法」の改正，教育委員会制度，教科書検定制度，教育格差，「特別の教科　道徳」，『平成29年版学習指導要領』

1. 教育基本法の改正と教育制度改革

（1）中央省庁再編と構造改革

　1990年代以降の政治改革では，いわゆる「政治主導」が進められ，内閣の指導力を回復・強化する方向へと進んでいった。それは，国会制度改革（党首討論の開始，政府委員制度の廃止等），内閣制度改革（副大臣，大臣政務官制度の創設等），そして中央省庁再編（内閣法改正，内閣府の創設等）として実現され，2001（平成13）年1月，文部省も科学技術庁と合併し文部科学省に再編された。

　「政治主導」が進められる中で，教育分野においても文部大臣の諮問機関である中央教育審議会のほかに，臨時教育審議会（1984年），教育改革国民会議（2000年），教育再生会議（2006年），教育再生懇談会（2008

年),教育再生実行会議(2013年)などの首相・内閣直属の会議体が相次いで設置された。これらの会議体では,特に臨時教育審議会の提言した教育の「自由化・多様化」の方向性を底流としながら,地方分権と規制緩和を柱とした学校改革が進められた。

2000(平成12)年12月には「構造改革特別区域法」が公布され,特定地域において規制緩和の特例を設ける「構造改革特区」制度がスタートした。教育分野を対象にした構造改革特別区域(教育特区)では,株式会社やNPO法人による学校設置,小中一貫教育,学習指導要領によらない教育課程の編成・実施などの取組みが行われた。

また,小泉・安倍内閣が取り組んだ構造改革では,国と地方及び官と民の見直しが中心テーマとされ,国の権限・管理の縮小と地方の自立・権限強化が課題とされた。教育分野においては,国の教育予算の削減と教育の「自由化」(競争的環境の醸成),さらには教育・学校制度に関する様々な規制を緩和する動きの中で,義務教育費国庫負担制度の見直し,公務員人件費の削減政策による教職員定数の抑制・削減と教員給与水準・体系の見直し等が図られていった。特に,義務教育費の国庫負担率は,2006(平成18)年に従来の2分の1から3分の1に縮小された[1]。

(2)「教育基本法」の改正

1947(昭和22)年3月31日に制定された「教育基本法」については,制定当初から「よき日本人の育成」や「祖国観念の涵養」といった観点の欠如が指摘され,その改正が課題とされてきた。とりわけ,1950年代以降の「文部省対日教組」という枠組みが固定化する中で,「教育基本法」の改正は鋭角的な争点であった。

「教育基本法」の改正が直接の政策課題となったのは,2000年に小渕恵三首相の私的諮問機関として設置された教育改革国民会議においてで

---

1) 小川正人,勝野正章『教育行政と学校経営(改訂版)』(放送大学教育振興会,2016年)

ある。教育改革国民会議は、同年12月の最終報告書「教育を変える17の提案」において、「新しい時代にふさわしい教育基本法」の制定を提言した。

この提言を受けて、中央教育審議会は2003(平成15)年3月20日に答申「新しい時代にふさわしい教育基本法と教育振興基本計画のあり方」を文部科学大臣に提出し、「教育基本法」の改正を求めた。同答申は、旧「教育基本法」が掲げた「人格の完成」や「個人の尊厳」といった理念を継承した上で、21世紀を切り拓く心豊かでたくましい日本人の育成を目指す観点から「教育基本法」を改正することの必要性を強く提言するものであった。

「教育基本法」の改正をめぐっては、様々な観点からの議論が展開された。例えば、改正賛成論においても「押し付け論」「規定不備論」「規定欠落論」「原理的見直し論」「時代対応論」など多様な見解が提示され、「教育基本法」を改正することの意義と目的は幅のあるものであった。同時にそれは、改正反対論においても同様であった[2]。

2006(平成18)年12月22日、国会で「教育基本法」が改正され、同日に公布、施行された。これは、旧「教育基本法」の全部を改正し、教育の目的及び理念並びに教育の実施に関する基本を定め、国及び地方公共団体の責務を明らかにしたものである。旧「教育基本法」からの主な変更点は、①第2条として「教育の目標」が加えられたこと、②生涯学習、大学、私立学校、家庭教育、幼児教育、学校・家庭・地域社会の連携・協力などに関する規定が新たに加えられたこと、③理念法から振興法としての性格を強めていること、などを挙げることができる。

特に第2条「教育の目標」では、「教育は、その目的を実現するため、学問の自由を尊重しつつ、次に掲げる目標を達成するよう行われるものとする」として、「幅広い知識と教養を身に付け、真理を求める態度を

---

[2] 市川昭午『教育基本法改正論争史―改正で教育はどうなる―』(教育開発研究所、2009年)

養い，豊かな情操と道徳心を培うとともに，健やかな身体を養うこと」「正義と責任，男女の平等，自他の敬愛と協力を重んずるとともに，公共の精神に基づき，主体的に社会の形成に参画し，その発展に寄与する態度を養うこと」「生命を尊び，自然を大切にし，環境の保全に寄与する態度を養うこと」「伝統と文化を尊重し，それらを育んできた我が国と郷土を愛するとともに，他国を尊重し，国際社会の平和と発展に寄与する態度を養うこと」などが具体的に明記された。

第9条「教員」の第1項では「絶えず研究と修養」，第2項では「養成と研修の充実」という文言が追加された。第1項は，教員の努力義務を，第2項は主に教員に対する行政施策義務を明らかにしたものである。

また，第17条は，「教育基本法」を単なる理念法ではなく実効性のある法律にするという観点から，第1項では「政府」に教育振興基本計画の策定を義務づけ，第2項では各地方公共団体が国の基本計画を「参酌」（参考にして長所を取り入れること）して，その教育基本計画の策定に努めるべきこと（努力義務）を明示した。

(3) 教育委員会と教科書検定制度の改革

1990年代以降の地方分権と規制緩和改革が進められる中で，教育委員会制度改革も大きな課題となった。1999（平成11）年に「地方教育行政の組織及び運営に関する法律」（以下，「地教行法」と略）が改正され，教育長の任命承認制度[3]が廃止された。これにより教育長は，都道府県，市区町村ともに当該自治体の首長によって任命された教育委員（委員長を除く）のうちから，教育委員会によって選任されることとなった。

---

3) 都道府県においては，教育委員会議において教育長を任命し，当時の文部大臣が承認することとなっていた。この背景には，思想的な対立で教育委員会が混乱した場合の対策という意味合いがあった。市区町村においては，教育委員会議において教育委員のうちから教育長を任命し，都道府県の教育委員会が承認することとしていた。

また，市町村立学校に関する都道府県の基準設置権も廃止されたことで，各地方自治体の自主性と責任を強化し，国や都道府県による関与を縮減することが図られた。さらに，2001（平成13）年の「地教行法」改正では，地域における多様な教育意思を反映させるために，教育委員には必ず保護者委員を含むことを規定し，教育行政の透明性を確保する観点から教育委員会の会議は原則公開となった。

　教育再生実行会議は，2013（平成25）年4月の「教育委員会制度等の在り方について（第二次提言）」において，「首長が任免を行う教育長が，地方公共団体の教育行政の責任者として教育事務を行うよう現行制度を見直す」ことを提言した。この提言を受けて，中央教育審議会は検討を進め，同年12月に「今後の地方教育行政の在り方について」を答申し，2014（平成26）年に「地教行法」の改正（2015年4月に施行）が行われた。

　その主な特徴は，①教育委員長と教育長を一本化することで，教育委員会の責任体制を明確化したこと，②教育長の任免権を首長に委ね，首長が議会の同意を得て行うこととしたこと，③首長が主宰する「教育総合会議」を新たに設け，首長が定める教育の目標や施策の総合的な方針を意味する「大綱」についての協議や事務調整を行うものとしたこと，などである。

　さらにこの改正では，法令違反や当該事務の管理・執行を怠ったために児童生徒の教育を受ける権利が侵害されている場合や児童生徒の生命や身体に被害がある，あるいは被害が拡大する恐れがあり，その防止に緊急性がある場合は，国が都道府県・市町村の教育委員会に対して，是正要求や是正指示を可能にする規定も設けられた。

　教育委員会制度改革としては，教科書採択に関しても変更が行われた。2011年の沖縄県八重山採択地区での教科書採択をめぐる問題[4]を発端

4）　沖縄県の石垣市，竹富町，与那国町で構成する「八重山採択地区協議会」での教科書選定の手続きを竹富町教育委員会が問題視し，選定された教科書の採択を拒否して別の教科書を採択したという事例である。

として，2014年に「義務教育諸学校の教科用図書の無償措置に関する法律」が一部改正された。これは，教科書採択地区内において教科書が一本化できず，教科書の無償配布を行えない事態等の発生を防止することを目的としたものであった。具体的には，①共同採択地区内の市町村教育委員会は，採択地区協議会の結果に基づいて，種目ごとに同一の教科書を採択すること，②都道府県教育委員会が設定する採択地区の設定単位を「市郡」から「市町村」とすること，③市町村教育委員会が教科書を採択した時には，採択結果及び理由等を公表するよう努めること，などが改正点として明記された。

2.「モンスターペアレント」と教育格差

(1)「不当な要求」と教員の精神疾患の増加

　1970年代以降の学校・教師と家庭との力関係の変化は，時代が経過するにしたがってより顕著となっていった。その端的な例が，自己（子）中心的で「不当な要求」を学校に持ち込んでくる保護者，いわゆる「モンスターペアレント」である。

　1990年代後半以降，給食費を払うことができるのに払わない保護者や，「保護者同士の仲が悪いから子ども達を別々のクラスにして欲しい」「卒業アルバムで家の子どもの写真が少ないので，作り直して欲しい」というような保護者の「不当な要求」が目立ち始めた。

　こうした「モンスターペアレント」による「不当な要求」に対して，教育委員会や学校は，クレーム対応のマニュアルを作成したり，専門の弁護士を雇ったりするなどの対策を講じることが一般的になりつつある。教員が，いわゆる「クレーム訴訟保険」に加入することも珍しくなくなり，給食費の未納に対する対策として保証人を立てることを義務づ

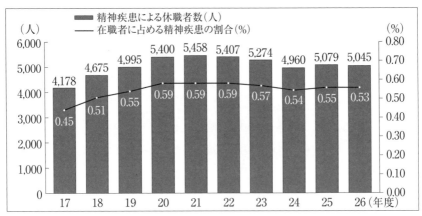

図15-1 教育職員の精神疾患による病気休職者数等の推移（平成17年度〜平成26年度）
（出典：文部科学省「平成26年度公立学校教職員の人事行政状況調査について」）

ける自治体も増加していった。

　こうした学校・教師と家庭との関係性の変化は，教師の精神衛生に影響を与える要因の一つとなっていった。2000年代以降，うつ病などの精神疾患で休職した国・公立小中高校と特別支援学校の教員数は増加し，2007（平成19）年度からは，5,000人前後で高止まりを続けている。

　この原因について文部科学省は，教師の「多忙な労働環境」を指摘している。ＯＥＣＤ（経済協力開発機構）が2013年に実施した調査では，日本の中学校教員の勤務時間は週53.9時間であり，対象となった34カ国，地域の平均勤務時間である週38.3時間を大きく上回っていた。また，いじめの対応や部活動などの課外活動の負担に加えて，「従来の指導法が通用しなくなり自信を失う」ことや，保護者からの「不当な要求」によって，「保護者との関係が変化し説明を受け止めてもらえず悩む」などといったケースが目立つと分析している。ここからは，学校・教師と家

庭との力関係の変化によって，保護者からの「不当な要求」に苦慮している学校・教師の姿が浮かび上がってくる。

いわゆる「モンスターペアレント」と言われる保護者は，1960年代以降の高度経済成長期以降に生まれ，学齢期を「ゆとり教育」の中で育った世代である。彼らは，学校が徐々に権威を失い，教師もまたかつてのように尊敬の対象ではなくなり始めていた時期に学校教育を受けた世代でもある。学校・教師の権威が低下し，「子どもの自主性を尊重する」「先生と児童生徒は対等である」というスローガンが声高に叫ばれていた時期に教育を受けた世代にとって，学校や教師に対する視線はより厳しいものとなっていった。また，大学の進学率の上昇によって，教師と保護者との学歴に差異がなくなり，保護者のほうが教師よりも学歴が高い場合があることも要因として挙げられる。

（2）子どもの貧困と教育格差

1990年代以降，家庭の経済的な格差が，児童生徒の教育格差を拡大していることが指摘されている。また，社会階層間での保護者の学歴や経済力の格差が，児童生徒の学習意欲や学習時間の差として表出することが明らかとなっている。その結果，進学機会の格差に伴う学歴格差が，その後の所得や地位の格差として大きく影響することも指摘された。

厚生労働省の「国民生活基礎調査」によれば，2015（平成27）年の子どもの相対的貧困率[5]は15.6％であり，1985（昭和60）年の10.9％と比べて悪化している。特に，子どものいる現役世代のうち，大人が一人の世帯での貧困率は50.8％と高くなっている。

また，経済的理由により就学困難と認められ就学援助を受けている小

---

5) 相対的貧困率とは，OECDの作成基準に基づき，世帯収入から子どもを含む国民一人ひとりの所得を仮に計算し順番に並べ，全体の真ん中の人の額（中央値）の半分（貧困線）に満たない人の割合である。子どもの貧困率は，18歳未満でこの貧困線に届かない割合を指す。この時の調査での中央値は245万円，貧困線は122.5万円であった。

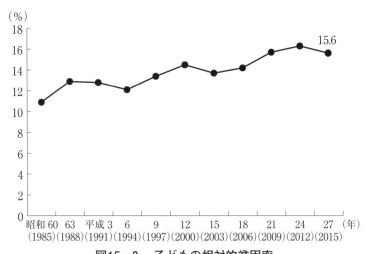

図15−2　子どもの相対的貧困率
（出典：厚生労働省「国民生活基礎調査」）

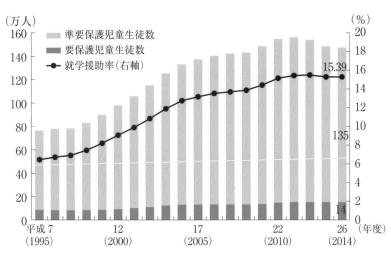

図15−3　小学生・中学生に対する就学援助の状況
（出典：内閣府『平成29年版　子供・若者白書』2017年）

中学生は，2011年には約161万人であり，1995（平成7）年度の調査開始以降で最多となった。また，就学援助率は上昇を続けており，2014（平成26）年度には15.62％となっている。

　一方，これまで経済的資本や文化的資本を中心とした調査により格差の実態が解明されてきたが，近年ではこれらに加えて，親の社会関係資本と児童生徒の社会関係資本を指標とする調査も注目されている。例えば，志水宏吉は，全国学力・学習状況調査における平均点の高い地域の調査において，経済的・文化的な諸要因と学力との間に一定程度の相関関係があるとしながらも，「離婚率」「持ち家率」「不登校率」が学力と密接な相関関係があることを明らかにしている。その結果は，「離婚率」が低く，「持ち家率」が高く，「不登校率」の低い地域の児童生徒の学力が相対的に高いというものである。「離婚率」は児童生徒と家庭のつながり，「持ち家率」は地域社会とのつながり，そして「不登校率」は，学校とのつながりが密接であることを示している。

都道府県別に見た場合の……
「離婚率」の低さ　　＝　家庭（家族）と子どもとのつながりの豊かさ
「持ち家率」の高さ　＝　地域（近隣社会）と子どもとのつながりの豊かさ
「不登校率」の低さ　＝　学校（教師）と子どもとのつながりの豊かさ
　　　　　　　⇒つながりが豊かなところの子どもたちほど平均学力が高い！

図15-4　「つながり格差」の概念図
（出典：志水宏吉『「つながり格差」が学力格差を生む』亜紀書房，2014年）

　高度経済成長以降の都市化の進展に伴う伝統的な地縁・血縁関係の弱体化と共同体の解体は人々と共同体の関係性，さらには人々の相互の関係性（つながり）を希薄にし，変質をもたらしていった。こうした中で，指標としての「離婚率」「持ち家率」「不登校率」の数値から見えてくる

人間関係の「つながり」が、学力形成に積極的な役割を果たし得るという指摘は、今後の学校・家庭・地域の連携と役割を考える際にも重要な観点である。

3. いじめ問題と「特別の教科　道徳」の設置

(1)「いじめ防止対策推進法」の成立

　いじめ問題は、2000年代に入っても改善することはなく、さらに深刻化していった。2017（平成29）年度の統計（速報値）では、小中学校・高等学校及び特別支援学校におけるいじめの認知件数は32万3,808件であり、いじめによって自殺に至った事案も10件と報告された。

　2011（平成23）年に滋賀県大津市で発生したいじめ事件[6]をきっかけとして、2013（平成25）年9月に「いじめ防止対策推進法」が公布・

表15-1　いじめの認知件数

	18年度	19年度	20年度	21年度	22年度	23年度	24年度
小学校	60,897	48,896	40,807	34,766	36,909	33,124	117,384
中学校	51,310	43,505	36,795	32,111	33,323	30,749	63,634
高等学校	12,307	8,355	6,737	5,642	7,018	6,020	16,274
特別支援学校（特殊教育諸学校）	384	341	309	259	380	338	817
計	124,898	101,097	84,648	72,778	77,630	70,231	198,109
	25年度	26年度	27年度	28年度			
小学校	118,748	122,734	151,692	237,921			
中学校	55,248	52,971	59,502	71,309			
高等学校	11,039	11,404	12,664	12,874			
特別支援学校	768	963	1,274	1,704			
計	185,803	188,072	225,132	323,808			

（出典：文部科学省「平成28年度児童生徒の問題行動等生徒指導上の諸問題に関する調査（速報値）」2017年10月）

---

[6]　当時中学2年生の男子生徒がいじめを苦にして自宅で自殺した事件である。「大津いじめ自殺事件」「大津いじめ事件」などとも言われる。特に事件前後の学校と教育委員会の隠蔽体質などが問題視され、様々な議論を喚起した。

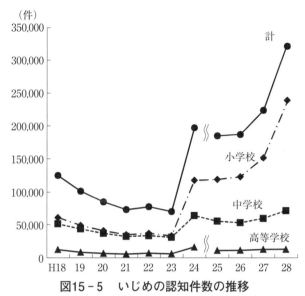

図15-5　いじめの認知件数の推移
(出典：文部科学省「平成28年度児童生徒の問題行動等生徒指導上の諸問題に関する調査（速報値）」2017年10月）

施行された。同法は，いじめを「児童等に対して，当該児童等が在籍する学校に在籍している等当該児童等と一定の人的関係にある他の児童等が行う心理的又は物理的な影響を与える行為（インターネットを通じて行われるものを含む。）であって，当該行為の対象となった児童等が心身の苦痛を感じているもの」（第2条）と定義した。

　また，同法は暴力や金銭に関わるいじめと「暴力を伴わないいじめ」とを区別している。前者に対しては，いじめを早期に発見し，警察も含めた外部機関との連携を通じて解決を図る必要性を明記した。一方，後者は「ネットいじめ」も含めて実態が捉えにくく，未然防止に力を注ぐことの大切さを強調した。その上で学校は，「児童等の豊かな情操と道徳心を培い，心の通う対人交流の能力の素地を養うことがいじめの防止

に資することを踏まえ，全ての教育活動を通じた道徳教育及び体験活動等の充実を図らなければならない」（第15条）とした。

(2)「特別の教科　道徳」の設置

いじめ問題の深刻化を受けて，道徳教育の充実が改めて大きな課題となった。第二次安倍内閣のもとに2013（平成25）年1月に設置された教育再生実行会議は，同年2月に発表した「いじめ問題等への対応について（第一次提言）」において，「現在行われている道徳教育は，指導内容や指導方法に関し，学校や教員によって充実度に差があり，所期の目的が十分に果たされていない状況」にあると指摘した。そして，「新たな枠組みによって教科化し，人間の強さ・弱さを見つめながら，理性によって自らをコントロールし，より良く生きるための基盤となる力を育てること」の必要性を提言した。

「第一次提言」に基づき，同年3月には文部科学省に「道徳教育の充実に関する懇談会」（以下，懇談会と略）が設置され，道徳の教科化に向けての具体的な議論が開始された。懇談会が同年12月にまとめた報告書は，道徳教育の一層の充実を図るために，「道徳の時間」を「特別の教科　道徳」として教科とすることを提言した。懇談会による道徳の教科化の提言は，中央教育審議会の専門部会における議論を経て，2014（平成26）年10月21日の中央教育審議会答申「道徳に係る教育課程の改善等について」によって具体化された。

2015（平成27）年3月27日に，「学校教育法施行規則」の一部を改正する省令及び学習指導要領の一部改訂が告示され，「学校教育法施行規則」における「道徳」は「特別の教科である道徳」と改められた。これによって，道徳の教科化が正式に決定し，小学校では2018（平成30）年度，中学校では2019（平成31）年度から「特別の教科　道徳」が完全実

施され，同時に検定教科書が使用されることとなった。2015年7月には，小中学校の『学習指導要領解説　特別の教科　道徳編』がそれぞれ発表され，「道徳的価値について多面的・多角的に学び，実践へと結び付け，更に習慣化していく指導へと転換する」という「考え，議論する道徳」への「質的転換」の方向性が明確に示された。

　もっとも，道徳の教科化は，教育再生実行会議の「第一次提言」によって初めて提言されたわけではなく，教育改革国民会議や教育再生会議でも提言されていたものであった。また，戦後日本教育史を振り返ると，道徳の教科化をめぐる議論は，1950（昭和25）年の「修身科」復活問題や1958（昭和33）年の「道徳の時間」設置をめぐる議論においても争点とされていた。その意味で道徳の教科化は，戦後日本教育史における一貫した課題であり，「特別の教科　道徳」の設置は，その議論の延長線上にあったと言える。

4.『平成29年版学習指導要領』と戦後教育のゆくえ

（1）『平成29年版学習指導要領』の特徴

　中央教育審議会は，2016（平成28）年12月21日に「幼稚園，小学校，中学校，高等学校及び特別支援学校の学習指導要領等の改善及び方策等について」を答申した。ここでは，学校を変化する社会の中に位置づけ，「よりよい学校教育を通じてよりよい社会を創るという目標を学校と社会とが共有し，それぞれの学校において，必要な教育内容をどのように学び，どのような資質・能力を身に付けられるようにするか」を明確にした上で，社会と連携・協働によりその実現を図っていくという「社会に開かれた教育課程」を目指すべき理念として掲げた。

　答申に基づき，2017（平成29）年3月31日に『平成29年版幼稚園教育

要領』，小中学校の『平成29年版学習指導要領』が告示され，幼稚園は2018（平成30）年度から，小学校は2020（平成32）年度，中学校は2021（平成33）年度から全面実施される。

　答申は，『平成20年版学習指導要領』が「ゆとり」か「詰め込み」かの二項対立を超え，各教科の学びの体系性を回復するとともに，言語活動を充実させることにより，習得・活用・探求の学習サイクルの確立を目指すものとした。そして『平成29年版学習指導要領』は，『平成20年版学習指導要領』の方針を引き継ぎながら，その延長線上に児童生徒の知識理解の質をいかに高めるかに取り組むものと位置づけられた[7]。『平成29年版学習指導要領』の特徴は次のようにまとめられる。

①教科等を「知識及び技能」「思考力，判断力，表現力等」「学びに向かう力，人間性等」の3つの柱で再構成したこと。
②「主体的・対話的で深い学び」の観点から，これまでの教育実践の蓄積を踏まえて授業を見直し，改善したこと。
③学校全体として教育内容や時間の適切な配分，必要な人的・物的体制の確保，実施状況に基づく改善といったカリキュラム・マネジメントの確立を求めたこと。

　具体的に『平成29年版学習指導要領』は，①国語教育を中心とした言語能力の確実な育成，②理数教育の充実，③日本の伝統や文化に関する教育の充実，④小学校において中学年で外国語活動（35単位時間），高学年で外国語科（70単位時間）を導入する外国語教育の充実，⑤体験活動の重視，⑥各教科等における情報活用能力の育成，⑦現代的な諸課題に対応するために求められる資質・能力を教科等横断的な視点で育成することの重視，などが特徴となっている。

---

[7] 合田哲雄「小・中学校学習指導要領の改訂案について」（『内外教育』2017年2月21日）

(2) 戦後教育の歴史と課題

　戦後日本の学校教育は，①戦後教育改革における新教育理念の模索，②高度経済成長期における量的発展，③「大衆教育社会」の完成と「教育荒廃」現象の顕在化，④臨時教育審議会が提示した「個性重視の原則」や「生きる力」をキーワードとする「自由化・多様化」という流れで展開してきた。現在進められている教育改革は，基本的には臨時教育審議会の答申の方向性を具現化するものとして位置づけることができる。

　戦後日本教育史をどのように評価するかは難しい問題である。いかなる立場と視点から評価するかによっても相違と幅が生まれることになる。例えば山本正身は，「校内暴力，いじめ，不登校，学級崩壊，体罰などの教育問題の頻発や教育委員会制度の疲弊はもとより，昨今における教育政策上の動揺と振幅，とりわけ『ゆとり』と『学力向上』をめぐる教育政策上の迷走は，まさに『近代教育』の制度的枠組みが，その歴史的使命を終焉させようとしていることの徴候と見るべきではないのか」とした上で次のように指摘する[8]。

　　少なくとも様々な教育問題の存在が顕著に浮上した一九八〇年代頃から，すでに「近代教育」システムの制度疲労が深刻な拡散を示しつつあった可能性は否定できない。だが，それ以降の様々な教育改革論議や教育政策策定において，「近代教育」の枠組みそれ自体のあり方を吟味し，その枠組み自体の改革を志向する動きは，ほとんどこれを認めることができない。すでに耐用年齢を超えたシステムを，そのシステムの存立を前提に見直そうとしても，そこに無理が生ずるのは誰の目にも明らかである。

　しかし，こうした指摘の一方で2014（平成26）年7月に内閣府が発表

8）　山本正身『日本教育史―教育の「今」を歴史から考える』（慶應義塾大学出版会，2014年，427-428頁）

した「小学生・中学生の意識に関する調査報告書」によると，今の学校生活が「楽しい」「まあ楽しい」と答えた小中学生の割合は，96.7％であった。また，子どもの通っている学校教育に「満足」と答えた保護者は，79.0％（「満足」［13.1％］＋「まあ満足」［65.9％］）であった。いずれも，前回調査（2006年3月）よりも上昇している。

　学校はもはや「耐用年齢」を超え「制度疲労」を起こしており，システムそれ自体の変革を必要とするのか。それとも，様々な問題を抱えながらも学校というシステムは，まだまだ可能性が残されているのか。こうした問いを持ちながら教育の「いま」と「これから」を考えていくことが重要である。現実の教育状況のみに目を奪われ，軸足の定まらない議論を無駄に重ねるのではなく，教育の「いま」を冷静に分析し，「これから」の教育の展望を見据える必要がある。

　そのためにも歴史と真摯に向き合い，歴史から謙虚に学ぶ姿勢を持つことが求められる。ある歴史家は，「将来の展望に必要な分だけ過去を学べ」と言った。少なくとも，歴史を踏まえない議論が「空疎」であり，時として「乱暴」となる危険性があることを自覚しておくことは大切である。

　最後に，アメリカの神学者ラインホルド・ニーバー（Reinhold Niebuhr; 1892-1971）の次の言葉を紹介して本書の結びとしたい。

神よ，
変えることのできるものについて，
それを変えるだけの勇気をわれらに与えたまえ。
変えることのできないものについては，
それを受け入れるだけの冷静さを与えたまえ。
そして，変えることのできるものと，変えることのできないものを，
識別する知恵を与えたまえ。　　　　　　　　　　（訳：大木英夫）

参考文献

市川昭午『教育基本法改正論争史―改正で教育はどうなる―』(教育開発研究所, 2009年)
菱村幸彦『戦後教育はなぜ紛糾したのか』(教育開発研究所, 2010年)
水原克敏『学習指導要領は国民形成の設計書―その能力観と人間像の歴史的変遷―』(東北大学出版会, 2010年)
山田恵吾編『日本の教育文化史を学ぶ―時代・生活・学校―』(ミネルヴァ書房, 2014年)
小川正人・岩永雅也『日本の教育改革』(放送大学教育振興会, 2015年)
貝塚茂樹『道徳の教科化―「戦後七〇年」の対立を超えて―』(文化書房博文社, 2015年)
沖田行司『日本国民をつくった教育―寺子屋からGHQの占領教育政策まで―』(ミネルヴァ書房, 2017年)

学習課題

(1) 2006年の「教育基本法」の改正とその後の教育改革の動向について説明できるようにしよう。
(2) いじめや教育格差などの問題を歴史的に整理した上で、今後の教育改革における課題について考えてみよう。
(3) 『平成29年版学習指導要領』の特徴を整理しながら、戦後の教育課程改革における歴史的な位置について考えてみよう。

戦後日本教育史略年表（昭和戦前期を含む）

＊本年表の作成にあたっては，『学制百年史（資料編）』（帝国地方行政学会，1973年）及び『日本の教育文化史を学ぶ―時代・生活・学校―』（ミネルヴァ書房，2014年）収載の「日本教育文化史年表」（作成：藤田祐介）を参考とした。

年代		教育事項	一般的事項
1925年	大正14年		「治安維持法」公布 普通選挙制が実現
1926	15 昭和元年		「昭和」に改元
1929	4		ニューヨーク株式市場大暴落（世界恐慌）
1930	5	11月　郷土教育連盟結成（『郷土』創刊）	
1931	9		満州事変
1933	8	5月　京都帝国大学「瀧川事件」起こる	
1935	10	2月　「天皇機関説問題」起こる 4月　「青年学校令」公布 11月　文政審議会を廃止し，教学刷新評議会を設置	
1936	11	9月　文部省教学局に日本諸学振興委員会を設置	二・二六事件
1937	12	5月　文部省編『国体ノ本義』 8月　「国民精神総動員実施要綱」を閣議決定（国民精神総動員運動） 12月　教育審議会設置	日中戦争（日華事変）
1938	13		「国家総動員法」公布
1939	14	4月　「青年学校令」改正（青年学校を義務制に） 5月　「青少年学徒ニ賜リタル勅語」渙発	第二次世界大戦（～1945）
1940	15	3月　「義務教育費国庫負担法」公布	日独伊三国同盟 大政翼賛会発足
1941	16	1月　大日本青少年団結成 3月　「国民学校令」公布 7月　文部省教学局編『臣民の道』	太平洋戦争（大東亜戦争）（～1945）
1943	18	1月　「中等学校令」公布 6月　「学徒戦時動員体制確立要綱」を閣議決定 12月　学徒出陣開始	
1944	19	8月　「学徒勤労令」公布	「女子挺身隊勤労令」公布

1945	20	5月　「戦時教育令」公布 8月　「戦時教育令」廃止 9月　文部省が「新日本建設ノ教育方針」発表 9月　文部次官通牒「終戦ニ伴フ教科用図書取扱方ニ関スル件」 10月　GHQが「教育の四大指令」を指令（～12月）	ポツダム宣言受諾（8月） 終戦の詔書（いわゆる「玉音放送」） 連合国軍の本土進駐 五大改革指令 「労働組合法」公布（12月）
1946	21	3月　第一次米国教育使節団来日 5月　文部省が「新教育指針」（第一分冊）発行 8月　教育刷新委員会設置	「日本国憲法」公布（翌年5月に施行）
1947	22	3月　『学習指導要領一般編（試案）』発行 3月　「教育基本法」・「学校教育法」公布（6・3制実施） 6月　日本教職員組合(日教組)結成	第1回国会開会 「労働基準法」公布（4月）
1948	23	4月　新制高等学校発足 6月　教育勅語等の排除・失効確認に関して国会両院決議 7月　「教育委員会法」・「少年法」（新少年法）公布 10月　教育委員会制度発足 10月　コア・カリキュラム連盟結成	極東国際軍事裁判判決 国連で世界人権宣言を採択
1949	24	1月　「教育公務員特例法」公布 5月　「国立学校設置法」・「文部省設置法」・「教育職員免許法」公布 6月　「社会教育法」公布	
1950	25	5月　第二次米国教育使節団来日	朝鮮戦争勃発
1951	26	2月　教育課程審議会「道徳教育の充実方策について」答申 7月　『学習指導要領一般編（試案）』改訂	政令改正諮問委員会設置 サンフランシスコ講話条約・日米安全保障条約調印（9月） 無着成恭編『山びこ学校』刊行 「児童憲章」制定
1952	27	6月　中央教育審議会を設置 8月　日教組「教師の倫理綱領」制定 8月　「義務教育費国庫負担法」公布 11月　「国民実践要領」について国会で公聴会 11月　市町村教育委員会，全国一斉に発足	サンフランシスコ講和条約発効（4月） 日米行政協定
1953	28	6月　「山口日記事件」	NHK，東京地区でテレビの本放送開始
1954	29	5月　「旭丘中学校事件」	米国との相互防衛援助協定

		6月　「学校給食法」公布 6月　「義務教育諸学校における教育の政治的中立の確保に関する臨時措置法」・「教育公務員特例法の一部を改正する法律」（いわゆる「教育二法」）公布	（MSA協定） 自衛隊発足
1955	30	8月　日本民主党『うれうべき教科書の問題』	社会党統一，保守合同（55年体制）
1956	31	6月　「地方教育行政の組織及び運営に関する法律」（「地教行法」）公布 11月　愛媛県教育委員会，勤務評定実施決定	第10回『経済白書』（「もはや戦後ではない」）
1957	32		ソ連（現ロシア）が史上初人工衛星スプートニク1号の打ち上げに成功
1958	33	3月　文部省が「道徳」の実施要綱を通達 10月　小・中学校学習指導要領改訂（「告示」となり，国家基準性を強化）	東京タワー完工式
1959	34		皇太子ご成婚パレード 国連「児童の権利宣言」採択 NHK教育テレビ本放送開始
1960	35	10月　高等学校学習指導要領改訂	日米新安全保障条約調印 「国民所得倍増計画」
1961	36	4月　学校教育法改正により，高等専門学校を設置 10月　全国一斉学力調査(学テ)実施	
1962	37	3月　「義務教育諸学校の教科用図書の無償に関する法律」公布	
1963	38	1月　経済審議会「経済発展における人的能力開発の課題と対策」答申	
1964	39	6月　学校教育法改正により，短大を恒久的制度とする	東海道新幹線開業 東京オリンピック開催
1966	41	6月　ILO87号条約発効（「教師の地位に関する勧告」） 6月　中央教育審議会「後期中等教育の拡充整備について」を答申（別記として「期待される人間像」を添付）	
1968	43	7月　小学校学習指導要領改訂	
1969	44	1月　東大安田講堂事件（機動隊突	

		入により占拠の学生を排除） 4月　中学校学習指導要領改訂 8月　「大学の運営に関する臨時措置法」公布	
1970	45	1月　OECD派遣教育調査団来日 7月　家永教科書裁判第二次訴訟判決（杉本判決） 10月　高等学校学習指導要領改訂	大阪で日本万国博覧会開催
1971	46	6月　中教審「今後における学校教育の総合的な拡充整備のための基本施策について」答申（いわゆる「四六答申」）	沖縄返還協定調印
1973	48		第一次オイルショック
1974	49	2月　「学校教育の水準の維持向上のための義務教育諸学校の教育職員の人材確保に関する特別措置法」（「人確法」）制定	
1976	51	3月　小・中・高校の主任制度化	ロッキード事件
1977	52	7月　小・中学校学習指導要領改訂	
1978	53	8月　高等学校学習指導要領改訂	日中平和友好条約調印
1979	54	1月　国公立大学志望者のための共通一次学力試験を初めて実施 4月　養護学校の義務制実施	元号法制化 テレビ「3年B組金八先生」の第一シリーズ放映開始
1981	56	2月　東京都中野区で教育委員会準公選制実施 6月　中教審「生涯教育について」答申	
1983	58		東京ディズニーランド開園 忠生中学校事件 任天堂が「ファミリーコンピューター」を発売 金属バット殺人事件
1984	59	1月　家永三郎，第三次教科書検定訴訟 2月　全日本教職員連盟結成 8月　臨時教育審議会発足	
1986	61		中野富士見中学校いじめ自殺事件
1987	62	8月　臨時教育審議会「教育改革に関する第四次答申」（最終答申）	
1989	64 平成元年	2月　小・中・高校学習指導要領改訂	「平成」と改元 国連総会で「児童の権利に関する条約」を批准
1990	2	1月　共通一次学力試験に代わり大学入試センター試験開始	

		6月　「生涯学習の振興のための施策の推進体制等の整備に関する法律」(生涯学習振興法) 公布	
1991	3	7月　大学設置基準の大綱化	湾岸戦争 ソ連崩壊 (東西冷戦の終結)
1992	4	7月　生涯学習審議会「今後の社会の動向に対応した生涯学習の振興方策について」答申 9月　文部省が登校拒否 (不登校) 児童・生徒の学校への出席について弾力的運用を各教育委員会に指示	
1993	5	2月　文部省「高等学校の入学者選抜について」(業者テストの利用禁止) を通知	非自民連立内閣 (細川内閣) 成立
1995	7	9月　文部省が全国の公立学校にスクール・カウンセラーを配置する制度を導入 9月　文部省と日教組が協調路線に転換	阪神・淡路大震災 地下鉄サリン事件
1996	8	7月　中教審「21世紀を展望した我が国の教育の在り方について」(第一次答申)	
1997	9	1月　文部省「通学区域制度の弾力的運用について」通知 6月　中教審「21世紀を展望した我が国の教育の在り方について」(第二次答申)	神戸連続児童殺傷事件
1998	10	6月　中教審「新しい時代を拓く心を育てるために－次世代を育てる心を失う危機－」答申 6月　学校教育法改正により，中高一貫教育が制度化 (中等教育学校の設置) 9月　中教審「今後の地方教育行政の在り方について」答申 12月　小・中学校学習指導要領改訂	
1999	11	3月　高等学校学習指導要領改訂 12月　「地方教育行政の組織及び運営に関する法律」改正	「国旗及び国歌に関する法律」公布
2000	12	1月　学校評議員制度導入 5月　「児童虐待の防止に関する法律」公布 12月　教育改革国民会議「教育を変える17の提案」発表	少年法改正 (適用年齢の引き下げ)
2001	13	1月　文部省が文部科学省に再編 ＊不登校児童生徒数が13万9000人と	中央省庁再編 アメリカで同時多発テロ事

		過去最高に達する	件
2002	14	1月　文部科学大臣「確かな学力向上のための2002アピール（学びのすすめ）」を公表 4月　完全学校週五日制実施 4月　文科省「心のノート」配布	
2003	15	12月　小・中・高校学習指導要領一部改訂	
2004	16	4月　国立大学法人化 4月　学校教育法改正により，栄養教諭を創設 9月　地教行法改正により，学校運営協議会制度（コミュニティ・スクール）を導入 12月　PISA2003・TIMSS2003の結果発表	
2005	17	6月　「食育基本法」公布 10月　中教審「新しい時代の義務教育を創造する」答申	郵政民営化法成立
2006	18	4月　「義務教育費国庫負担法」改正（義務教育費の国庫負担が2分の1から3分の1に削減） 7月　中教審「今後の教員養成・免許制度の在り方について」答申 10月　教育再生会議設置，認定こども園制度発足 12月　「教育基本法」改正・公布	
2007	19	6月　「教育三法」（学校教育法・教育職員免許法及び教育公務員特例法・地教行法）の改正	
2008	20	2月　教育再生懇談会設置 3月　小・中学校学習指導要領改訂 7月　「教育振興基本計画閣議」決定	アメリカ発の金融危機が拡大（リーマン・ショック）
2009	21	3月　高等学校・特別支援学校学習指導要領改訂 4月　教員免許更新制実施	
2010	22	1月　文科省「児童虐待防止に向けた学校等における適切な対応の徹底について」通知 1月　文部科学省『生徒指導提要』 11月　文科省，いじめ問題への取り組みの徹底を通知	裁判員制度の開始
2011	23	1月　中教審「今後の学校におけるキャリア教育・職業教育の在り方について」答申	東日本大震災
2012	24	8月　子ども・子育て関連三法（子	大津市立中学校いじめ自殺

		ども・子育て支援法，同整備法，認定子ども園法一部改正）公布 8月　中教審「教職生活の全体を通じた教員の資質能力の総合的な向上方策について」答申 9月　文科省「いじめ，学校安全等に関する総合的な取組方針」策定	事件
2013	25	1月　教育再生実行会議発足 2月　教育再生実行会議が道徳の教科化を提言（第一次提言） 「子どもの貧困対策の推進に関する法律」施行 9月　「いじめ防止対策推進法」施行 12月　中教審「今後の地方教育行政の在り方について」答申 12月　道徳教育の充実に関する懇談会「今後の道徳教育の改善・充実方策について」発表	
2014	26	10月　中教審「道徳に係る教育課程の改善等について」答申 12月　中教審「新しい時代にふさわしい高大接続の実現に向けた高等学校教育，大学教育，大学入学者選抜の一体的改革について」「子供の発達や学習者の意欲・能力等に応じた柔軟かつ効果的な教育システムの構築について」答申	消費税8％になる
2015	27	3月　小・中学校の学習指導要領一部改訂（「道徳の時間」を「特別の教科　道徳」へ） 6月　小中一貫の「義務教育学校」を定めた改正学校教育法公布 12月　中教審「新しい時代の教育や地方創生の実現に向けた学校と地域の連携・協働の在り方と今後の推進方策について」「これからの学校教育を担う教員の資質能力の向上について」「チームとしての学校の在り方と今後の改善方策について」答申	公職選挙法の改正（2016年から選挙権を18歳以上に） 安全保障関連法成立
2016	28	12月　中教審「幼稚園，小学校，中学校，高等学校及び特別支援学校の学習指導要領等の改善及び必要な方策等について」答申	
2017	29	3月　小・中学校学習指導要領改訂	

索引

●配列は五十音順。

●あ 行

あゝ上野駅　133, 134, 135
愛国心　148, 149
愛国婦人会　36
青い山脈　58
青空教室　58, 82, 83
赤い鳥　37
アカデミシャンズ　105, 106
赤胴鈴之助　93, 95
阿久悠　48
旭丘中学校事件　118
あさま山荘事件　176, 187
新しい荒れ　223, 234, 235, 236, 237, 239
新しい学力観　209, 214, 215
新しい歴史教科書　220, 221
安倍能成　64
天野貞祐　78, 81, 89, 90, 91, 106, 149
アメリカニゼーション　128, 129
荒井由美（松任谷由美）　188, 189
E・H・カー　5
家永教科書裁判　145, 156, 157, 158, 159, 160, 219
家永三郎　156, 157, 159
五百旗頭真　17, 20, 21
生きる力　209, 216, 218, 224, 232, 234, 237, 255
池田勇人　131
いじめ　209, 210, 211, 214, 222, 240, 246, 250, 251, 252, 255, 257
いじめ防止対策推進法　250, 251
板倉聖宣　152
いちご白書をもう一度　188, 189
イリイチ　169, 170
ヴァイツゼッカー　3

うれうべき教科書の問題　126
エジュケーショニスト　105, 106
SWNCC（国務・陸軍・海軍調整委員会）　15
大村はま　229, 230
岡本道雄　196, 201, 206
小熊英二　136, 182, 183
およげ！たいやきくん　164

●か 行

外国語活動　232, 234, 254
開放制　97, 107, 109
学園紛争　174, 186
学芸大学　97, 106, 107, 108
学習指導要領　78, 84, 91, 93, 96, 117, 123, 149, 152, 153, 169, 170, 171, 173, 199, 227, 230, 231, 237, 238, 241, 252, 253
学生運動　126, 127, 128, 130, 176, 178, 179, 187, 189
学制改革　78, 81, 84, 96, 98
学生思想問題調査委員会　32
学童疎開　26, 37
学徒勤労動員　38
学徒出陣　26, 38, 40
学徒動員　26, 39, 46, 97
学問中心カリキュラム　145, 151, 152, 171, 218
学力調査裁判（学テ裁判）　115, 122, 130
「学力低下」論争　223, 227, 228, 239
仮説実験授業　152
学級崩壊　223, 235, 236, 237, 255
学校運営協議会　226, 227
学校教育法　65, 67, 78, 90, 100, 126, 224, 227

学校教育法施行規則　124, 126
学校選択の自由化（学校選択制）　223, 224
学校評議員制度　223, 225, 227
活字離れ　192, 194
家庭内暴力　161, 165, 209
金沢嘉一　50
唐澤富太郎　13, 38, 50
カリキュラム・マネジメント　254
カリキュラム改革運動　78, 91, 93, 96
苅谷剛彦　228, 230
管理教育　161, 167, 168
危機に立つ国家　192, 196
基礎学力論争　123
期待される人間像　145, 146, 147, 149
義務教育費国庫負担法　61, 72
逆コース　12
急激な社会構造の変化に対処する社会教育のあり方について　156, 202
教育委員　74, 75, 120, 244
教育委員会　55, 72, 73, 74, 75, 120, 121, 125, 199, 225, 226, 243, 244, 245
教育委員会制度　55, 61, 74, 75, 76, 77, 240, 243, 244, 255
教育委員会制度協議会　74, 75
教育委員会法　61, 72, 73, 74, 111, 120
教育委員の公選制　75, 120
教育委員の任命制　117
教育改革国民会議　24, 225, 240, 241, 242, 253
教育格差　240, 245, 247, 257
教育課程審議会　123, 124, 125, 152, 171, 214, 216
教育基本法　61, 65, 66, 67, 68, 69, 70, 77, 78, 90, 100, 157, 206, 232, 238, 241
「教育基本法」改正　238, 240, 241, 242, 257
教育荒廃　12, 23, 161, 165, 167, 168, 169, 171, 174, 175, 190, 200, 209, 214, 235, 255
教育再生会議　24, 240, 253
教育再生懇談会　24, 240
教育再生実行会議　24, 241, 244, 252, 253
教育刷新委員会　11, 19, 20, 22, 61, 65, 66, 67, 72, 73, 81, 82, 103, 105, 106, 107, 110, 196
教育刷新委員会第一特別委員会　65
教育指導者講習（ＩＦＥＬ）　97, 109, 110, 111, 112
教育職員免許法　97, 109, 110, 111, 113, 205
教育審議会　26, 27
教育総合会議　244
教育勅語　27, 30, 61, 62, 63, 64, 65, 66, 67, 69, 70, 77, 88, 90
教育勅語排除・失効確認決議　70
教育内容の現代化　145, 150, 151, 152, 153, 160, 161, 169, 170, 171
教育ニ関スル勅語　30, 61
教育二法　115, 117, 119, 120, 130
教育の過程　151
教育の機会均等　81
教育の四大指令　44, 51, 53
教員及教育関係官ノ調査，除外，許可ニ関スル件（教職追放令）　51, 52
教員免許制度　205
教員養成制度　97, 105, 107, 108
教学刷新評議会　26, 27
教科書検定　117, 156, 157, 219, 220, 221
教科書検定制度　126, 157, 158, 159, 209, 219, 220, 240, 243
教科書誤報事件　209, 219
教科書採択　244
教科書裁判　126
教科書問題　115, 126, 209, 219, 220, 222
教師聖職者論　131, 139, 140, 141

教師専門職論　131, 141, 142, 143
教師の地位に関する勧告　141
教師の倫理綱領　118, 131, 139, 140
教職追放　51, 52
教師労働者論　131, 139, 140, 141
共通一次試験　161, 164, 165
玉音放送　44
極東委員会　18
「勤評」闘争　115, 120, 121, 130, 140
勤務評定（勤評）　121
近隣諸国条項　209, 220, 221
玖村敏雄　113
黒羽亮一　197
黒柳徹子　202
軍国主義　30, 51, 52, 53, 54, 56, 63
経験主義　88, 92, 117
月光仮面　95
コア・カリキュラム　78, 92, 123
コア・カリキュラム運動　93
コア・カリキュラム連盟　91
後期中等教育の拡充整備について　145, 146, 147, 202
高校三原則　78, 83, 84
皇国ノ道　27, 28
皇国民の錬成　27, 29, 31, 35
高坂正顕　147, 149
高等学校における政治的教養と政治的活動について　186
高等専門学校　103
高度経済成長　12, 22, 23, 115, 125, 129, 131, 133, 135, 136, 137, 139, 144, 145, 146, 150, 153, 161, 162, 163, 165, 167, 174, 176, 177, 182, 185, 192, 196, 198, 208, 213, 249, 255
高度国防国家　27
校内暴力　161, 165, 166, 169, 210, 211, 214, 255
降伏後ニ於ケル米国ノ初期ノ対日方針　15
公民教育構想　44, 47, 87, 88
公民教育刷新委員会　47
香山健一　200
コース・オブ・スタディ（Course of Study）　84
国際学力調査　223, 228
国体　26, 27, 30, 34
国体の本義　26, 33, 34
国体明徴ニ関スル件　26
国民学校　26, 27, 28, 29, 30, 34, 35, 38, 48, 82, 83
国民学校令　27, 28
国民実践要領　78, 88, 90, 91, 149
国民精神文化研究所　33
国立学校設置法　103
国立大学設置の11原則　101, 107, 110
心のノート　223, 237, 238
55年体制　115, 117, 118, 145
御真影　30
個性重視の原則　192, 199, 202, 223, 227, 236, 255
国家神道，神社神道ニ対スル政府ノ保証，支援，保全，監督並ニ弘布ノ廃止ニ関スル件（神道指令）　51, 52
国家総動員法　26
国旗・国歌　215
コミュニティ・スクール　91, 223, 226, 227
今後における学校教育の総合的な拡充整備のための基本的施策について（四六答申）　23, 145, 154, 155, 156, 160, 185, 197, 208

●さ　行

サザンオールスターズ　3

サラリーマン教師　141
三種の神器　129
三ちゃん農業　133
3年B組金八先生　165, 169
サンフランシスコ講和条約　14, 115, 116
ＣＩＥ（民間情報教育局）　18, 19, 20, 64, 66, 88, 100, 110, 111
ＧＨＱ　10, 15, 16, 17, 18, 19, 20, 21, 46, 51, 53, 58, 59, 61, 63, 65, 70, 73, 81, 82, 84, 87, 93, 98, 99, 100
市町村教育委員会　73, 74, 75, 224, 245
児童中心主義　78, 85, 87
師範学校　55, 57, 97, 99, 101, 105, 106, 107, 108, 139
「師範タイプ」教員　105
志水宏吉　249
社会科　78, 85, 86, 87, 88, 89, 90, 91
社会教育　69, 72
社会に開かれた教育課程　253
自由化・多様化　223, 241, 255
「自由化」論　192, 200, 201
「自由化」論議　192, 207
宗教的情操　47, 149
習熟度別学級編成　161, 173
修身，日本歴史及地理停止ニ関スル件（三教科停止指令）　51, 52
修身科　47, 52, 87, 88, 89, 90, 253
「修身科」復活問題　78, 88, 89, 253
終戦ニ伴フ教科用図書取扱方ニ関スル件　48
集団就職　131, 133, 135
受験競争　161, 164, 202, 209, 213, 223, 227
主体的・対話的で深い学び　254
出陣学徒壮行会　39, 40
生涯学習　155, 203, 204, 205, 215, 242
生涯学習体系への移行　192, 199, 202, 207

生涯学習の振興のための施策の推進体制等の整備に関する法律　192, 205
昭和22年版学習指導要領　一般編（試案）　84, 85, 86, 87, 123
昭和26年版学習指導要領　一般編（試案）　86, 87, 123
昭和33年版学習指導要領　123, 124, 130, 153, 231
昭和43年版学習指導要領　152, 153, 160, 170, 173
昭和52年版学習指導要領　161, 171, 173, 175, 218, 234
昭和53年版中学校指導要領　149
所得倍増計画　131
初任者研修制度　192, 199, 204, 205
人格の完成　68
新教育指針　55, 56, 57
新三種の神器　132
新制高等学校　83, 84
新制大学　97, 99, 100, 101, 102, 103, 107, 108, 110, 111, 114
新制中学校　78, 82, 83
陣内靖彦　142, 143
新日本建設ノ教育方針　44, 46, 51
臣民の道　34
水道方式　152
スクールカウンセラー　213, 214
ストッダード　53
スプートニク・ショック　151
墨塗り教科書　44, 48, 49
諏訪哲二　195
生活単元学習　92
生活綴方教育　92
政治的中立性　115, 117, 118, 120, 121, 126
青年学校　27, 31, 82, 83
青年学校令　31

青年団　36
政令改正諮問委員会　75, 116, 117
世界に一つだけの花　217
赤軍派　187, 188
全共闘　176, 188
戦後教育改革　10, 12, 23, 44, 51, 53, 55, 105, 115, 116, 125, 137, 153, 154, 197, 255
戦後教育改革期　22, 23, 96, 149
全国一斉学力調査（学テ）　122, 140
全国学力調査　232
戦後政治の総決算　192, 196
戦後民主主義　183
戦災孤児　58, 94
戦時教育令　42, 46, 97
戦争責任　26, 41, 50, 51
戦争を知らない子供たち　176, 177
全日本学生自治会総連合（全学連）　115, 127, 128, 178, 179
占領　10, 14, 17, 22, 44, 116
占領教育政策　10, 14, 18, 21, 44, 51, 52, 61
占領政策　17, 18, 20
総合的な学習の時間　209, 216, 217, 218, 231, 234
総力戦体制　26, 27, 28, 30, 31, 35, 36, 37, 39, 41, 50, 52, 97, 136

●た　行
第一次米国（アメリカ）教育使節団　22, 44, 53, 64, 81, 82, 98, 105
第一次米国（アメリカ）教育使節団報告書　54, 55, 56, 57, 60, 65, 78, 87, 98, 99, 105, 106
第1次ベビーブーム　23, 161, 176
大学における教員養成　97, 107, 110
大学入試センター試験　205
大学の運営に関する臨時措置法　176, 183, 184, 185
大学紛争　23, 174, 176, 178, 179, 180, 181, 182, 183, 185, 186, 187, 188, 189, 190, 191, 197
第三の教育改革　23, 145, 154, 155, 160, 197
大衆教育社会　161, 162, 163, 175, 192, 255
第二次米国（アメリカ）教育使節団報告書　88, 89
第2次ベビーブーム　176
大日本青少年団　36
瀧川事件　32
確かな学力　223, 231
脱学校社会　170
脱学校論　170
田中耕太郎　61, 64, 67
単位制高等学校　192, 205
団塊の世代　135, 163, 176, 177, 178, 182, 185, 191, 195
短期大学　103, 139
男女共学　69, 98
単線型学校制度　55, 78, 81, 96, 98, 137
地方教育行政　73, 76, 225
地方教育行政の組織及び運営に関する法律　76, 120, 121, 226, 243, 244
中央教育審議会　23, 24, 65, 75, 119, 126, 145, 146, 147, 149, 154, 183, 185, 196, 202, 203, 207, 216, 218, 224, 225, 226, 227, 232, 237, 240, 242, 244, 252, 253
中等学校令　31, 81
中等教育学校　223, 224
超国家主義　51, 52, 53, 54, 63
朝鮮戦争　128
町内会　36, 37
勅語及詔書等の取扱について　66, 67, 70
鉄腕アトム　93, 95

デモシカ教師　131, 140, 141
天皇機関説　31, 32, 33, 34
東京キッド　93, 94
東大安田講堂事件　176, 180, 188
道徳教育　78, 87, 88, 89, 90, 91, 171, 204, 232, 235, 237, 252
道徳の教科化　252, 253
道徳の時間　91, 115, 124, 125, 252, 253
特設道徳　140
特別の教科　道徳　240, 250, 252, 253
都道府県教育委員会　120, 121, 245
隣組　36, 37

● な　行

永井荷風　45
中曽根康弘　196, 206
長野県教員赤化事件　32
日米安保条約　128
日本側教育家委員会　53, 64, 65, 99
日本教育制度ニ対スル管理政策　51, 52
日本教職員組合（日教組）　61, 71, 75, 118, 120, 121, 122, 125, 139, 140, 201, 207
日本国憲法　66, 67, 70, 157
人間中心カリキュラム　161, 171, 174, 209, 218
能力主義　145, 150
能力主義教育政策　12

● は　行

羽田貴史　11, 12
発見学習　151, 152
ＰＴＡ　55
非軍事化　10, 11, 14, 15, 16, 17, 46, 51, 115
日高六郎　135, 136
開かれた学校づくり　223, 225
フォークゲリラ　176, 188

複線型学校制度　78, 96
不登校　209, 211, 212, 213, 214, 222, 249, 255
部落会　36, 37
フリードマン　200, 201
ブルーナー　151
ブルデュー　162
浮浪児　94
プロレタリア教育運動　32
文化的再生産　162
平成元年版学習指導要領　209, 214, 215, 222
平成10年版学習指導要領　209, 216, 218, 222, 231, 232, 234
平成20年版学習指導要領　223, 232, 234, 239, 254
平成29年版学習指導要領　240, 253, 254, 257
平成元年版中学校学習指導要領　149
偏向教育　115, 118, 126
奉安殿　30
放送大学　156
細谷雄一　4
ポツダム宣言　16, 18

● ま　行

前田多門　63, 64
マッカーサー　14, 15, 18, 53, 54, 65
窓ぎわのトットちゃん　202
学びのすすめ　223, 230
満蒙開拓青少年義勇軍　41
美空ひばり　93, 94
美濃部達吉　32, 33
民主化　10, 11, 14, 15, 16, 17, 46, 51, 115
民政局（ＧＳ）　70
務台理作　106

無着成恭　92, 93
メリトクラシー（業績主義）　162
毛沢東　182
もはや戦後ではない　11, 115, 128, 129, 131
森戸辰男　66, 146, 154, 155
モンスターペアレント　245, 247
文部省設置法　71, 72
文部省対日教組　115, 118, 122, 125, 130, 140, 149, 159, 174, 207, 241

●や　行
柳田國男　45
山口日記事件　118, 126
山田昇　106
山びこ学校　78, 92
山本正身　255
闇市　58
湯川秀樹　95
ゆとり　161, 169, 171, 174, 214, 216, 218, 223, 224, 227, 228, 230, 234, 254, 255
ゆとり教育　214, 216, 218, 227, 228, 229, 231, 232, 235, 236, 247
ゆとりと充実　161, 170, 171, 174

ゆとりの時間（学校裁量時間）　173
吉田満　40

●ら　行
ラインホルド・ニーバー　256
ラングラン　203
力道山　95
臨時教育審議会　22, 23, 24, 156, 190, 192, 196, 197, 198, 199, 200, 201, 202, 203, 204, 205, 206, 207, 208, 214, 216, 220, 223, 224, 227, 239, 240, 241, 255
冷戦　116
連合国軍最高司令官（ＳＣＡＰ）　10, 18, 19
連合赤軍　187
錬成　28
6・3・3制　22, 55, 78, 81, 82, 98, 99, 197
6・3制　71, 81, 161
60年安保　115, 127, 128, 130, 145, 178, 191

●わ　行
渡邉昭夫　177

著者紹介

貝塚茂樹（かいづか・しげき）

1963年	茨城県に生まれる
1993年	筑波大学大学院博士課程教育学研究科単位取得退学
	国立教育政策研究所主任研究官等を経て現職。日本道徳教育学会副会長。文部科学省「道徳教育の充実に関する懇談会」委員，中央教育審議会専門委員などを歴任。
現　在	武蔵野大学教授，博士（教育学）
専　門	日本教育史，道徳教育論
主な著書	『戦後教育改革と道徳教育問題』（日本図書センター）
	『教えることのすすめ―教師・道徳・愛国心―』（明治図書）
	『戦後日本と道徳教育―教科化・教育勅語・愛国心―』（ミネルヴァ書房）
	『新時代の道徳教育―「考え，議論する」ための15章―』（ミネルヴァ書房）
	『天野貞祐―道理を信じ，道理に生きる―』（ミネルヴァ書房）ほか。

●日本音楽著作権協会　（出）許諾　第1712480－102

ピースとハイライト

東京キッド

あゝ上野駅

戦争を知らない子供たち

いちご白書をもう一度

世界に一つだけの花

隣組

青い山脈

およげ！たいやきくん

放送大学教材　1720040-1-1811（ラジオ）

戦後日本教育史

発　行　　2018年3月20日　第1刷
　　　　　2022年1月20日　第2刷
著　者　　貝塚茂樹
発行所　　一般財団法人　放送大学教育振興会
　　　　　〒105-0001　東京都港区虎ノ門1-14-1　郵政福祉琴平ビル
　　　　　電話　03（3502）2750

市販用は放送大学教材と同じ内容です。定価はカバーに表示してあります。
落丁本・乱丁本はお取り替えいたします。

Printed in Japan　ISBN978-4-595-31845-0　C1337